증보판

어떻게 사람을 변화시킬 수 있는가?
우리는 가정에서 받은 상처(쓴 뿌리)를 어떻게 치유받을 수 있는가?

정동섭 지음

요단출판사

어떻게 사람을 변화시킬 수 있는가?

1996년 11월 13일 · 제1판 1쇄 발행
2011년 10월 25일 · 제2판 7쇄 발행

지은이 ǀ 정동섭
펴낸이 ǀ 안병창
펴낸데 ǀ 요단출판사
158-053 서울특별시 양천구 목3동 605-4
기　획 ǀ (02)2643-9155
영　업 ǀ (02)2643-7290~1　Fax (02)2643-1877
등　록 ǀ 1973. 8. 23. 제13-10호

ⓒ 정동섭 1996

정가 6,000원
ISBN 978-89-350-0205-4 03230

이 책의 저작권은 요단출판사가 소유하고 있습니다.
출판사의 사전 승인 없이 책의 내용이나 표지 등을 복제 · 인용할 수 없습니다.

요단인터넷서점 www.jordanbook.com

헌 사

이 책을 관계적, 심리역동적, 영적 접근으로 나를 변화시킨 나의 아내 이영애 집사와 나에게 참된 상담자의 길을 가르쳐 준 크리스찬 심리학자 게리 콜린스(Gary Collins) 박사에게 바친다. 아내는 내가 상담학을 공부한 이후로 답답한 성격장애자에서 가장 친한 친구가 되었다고 고백하고 있으며, 콜린스는 자기가 가르쳤던 학생이 이제는 동역하는 친구가 되었다고 자랑한다.

차 례

1. 기독교상담 · 11

들어가는 말: 교회현실에 대한 진단
명제신학과 관계신학
기독교와 심리학의 관계
하나님은 모든 진리의 원천이 되신다
그리스도인이 왜 심리학을 연구해야 하는가?
어떻게 사람들을 변화시킬 수 있는가?
효과적인 상담을 위한 인간의 기본 욕구에 대한 이해
기독교상담의 특성
나가는 말: 모든 그리스도인은 상담자로 부름을 받았다

2. 역기능가정의 성인아이 치유사역 · 75

가정이 청소년의 인격형성에 절대적 영향을 미친다
가족체계의 기본속성
가정: 그 순기능과 역기능
순기능가정의 특징
역기능가정의 특징
성인아이의 공통된 특징들
나가는 말

3. 성인아이의 치유를 위한 집단상담 모델 · *137*

들어가는 말
가정: 순기능과 역기능
순기능가정의 특징
역기능가정
역기능가정의 특징
성인아이
성인아이의 내적 치유
교회 내의 성인아이 회복운동
지원그룹
지원그룹의 목표
지원그룹의 장점
지원그룹의 진행과정
나가는 말

부록 · *177*

증보판 머리말

　　종교사회학자들은 21세기에는 교회의 관심이 치유상담 목회로 모아질 것이라고 예언하고 있다. 갖가지 상실과 질병, 스트레스, 학대와 인간관계상의 갈등으로 인하여 마음이 상하는 사람들이 늘어나고 있기 때문이다. 목회상담자는 물론 일반인들도 상담과 치유를 말하고 있다. 지난 3월에는 서울에서 목회상담, 정신의학, 가정사역, 사회사업에 관여하는 이들이 한자리에 모여 "기독교상담, 심리치료학회"를 결정하였다. 바야흐로 지금은 내적 치유와 상담, 그리고 가정사역의 시대이다. 상담과 치유는 21세기의 시대정신이라 해도 과언이 아니다.

　　1999년에 들어서면서 2월 초 같은 기간에 서울의 연세대학교와 숭실대학교에서는 "목회상담과 정신건강" 그리고 "21세기 목회상담모델"이라는 주제로 세미나를 개최하였다. "신성회상담정보실"을 운영하면서 독서를 통한 치유와 가정의 정신건강운동을 벌이고 있는 나의 아내는 연세대 세미나에 참석하였고, 나는 세미나 강사겸 한국 내의 상담동향에 관심 있는 '학생'으로서 숭실대 세미나에 참여하였다. 경제적으로 어려운 시기임에도 전국에서 수백 명이 양쪽 세미나에 참가한 것을 보면, 상담이 현대교회의 주요 관심사가 된 것은 분명한 것 같다. 나는 목회자들과의 대화를 통하여 '마음이 상한 사람들에 대한 이해'와 이들을 돕는 기술이 없이는 현대목회가 어렵다는 것을 확인할 수 있었다.

나는 숭실대에서 열렸던 세미나에서 "성인아이의 치유를 위한 집단상담 모델"이라는 논문을 발표하였는데, 1996년에 선보였던 나의 책이 증간되는 이번 기회에 이 글을 독자들에게 새롭게 선보이기로 하였다. 가정사역의 선구자 중의 하나인 찰스 셀 교수는 (알코올중독, 일중독, 종교중독 등에 의하여 특징지어지는) 역기능가정이 늘어가고 있다는 것이 현대가정의 특징 중 하나라고 하였다. 정도의 차이가 있을 뿐이지 한국의 거의 모든 가정은 역기능적인 요인을 안고 있다고 본다. 문제는 이런 가정에서 성장한 '성인아이들'을 어떻게 치유하여 성숙한 성도로 변화시키느냐 하는 것이다. 이들의 아픔에 귀를 기울이고, 상처를 치유하는 가장 좋은 방법은, 개인상담이 아닌 독서요법과 집단상담의 원리를 활용한 지원그룹이라는 것이 나의 확신이다. 한국교회는 미국교회에서 널리 활용되고 있는 이 지원그룹의 개념을 어떻게 목회현장에 접목시킬 수 있겠는가?

이 책 후반의 두 논문이 집단상담을 통한 성인아이 치유에 대한 이론적 근거를 제시한다면, 본인이 이미 번역하여 소개한 팀 슬레지 목사의 「가족치유, 마음치유」(*Making Peace with Your Past*)는 교회현장에서 사용할 수 있는 집단상담 교재라고 할 수 있을 것이다. 예수님께서는 죽은 나사로를 친히 살리셨지만, 수의에 묶인 나사로를 '풀어놓아 다니게' 하는 일은 '교회'의 몫으로 남겨놓으셨다. 기독교 상담학자로서의 나의 작은 노력이 '마음이 상한 자를 고쳐 온전한 사람으로 변화시키는 일'에 한몫을 할 수 있다면 더없는 기쁨이 될 것이다.

침례신학대학교 연구실에서
1999년 4월
정동섭 교수

머리말

카메라의 삼각 받침대 중 두 개가 빠진 상태에서 사진기의 균형을 잡으려고 노력하는 자신을 상상해 보라. 그 중에 하나만 없어도 받침대를 세우는 것은 아주 어려운 일이 된다. 좋은 사진을 찍는 것과 마찬가지로, 좋은 기독교상담에는 심리학적인 인식(psychological awareness)과 신학적인 이해(theological understanding)와 몸에 밴 영성(spiritual formation)이라는 세 개의 튼튼한 다리가 필요하다. 이 중에 하나나 둘이 무시되면, 상담은 균형을 잃게 된다.

여러해 전에, 심리학자 웨인 오츠(Wayne Oates, 1969)는 다음과 같이 쓴 적이 있다.

> 목사는 그의 훈련 배경과 관계없이 교인들을 상담할 것인가 말 것인가에 대하여 선택할 특권을 누리지 못한다. 성도들은 가장 선한 지도와 가장 지혜로운 돌봄을 받기 위해 그들의 문제를 목회자에게 몰고 온다. 목사는 그가 목회사역에 종사하는 한 이를

피할 길이 없다. 그의 선택은 상담을 하느냐 아니 하느냐 사이의 갈등이 아니다. 목회자에게는 잘 훈련되고 기술적인 방법으로 상담을 하는 것과 무절제하고 비효과적인 방법으로 상담을 하는 것 사이의 선택이 있을 뿐이다(p. 6).

대부분의 목사들과 신학생들은 목회상담개론 같은 과목을 하나 정도 신학훈련과정에서 수강한 적이 있겠지만, 배우자 구타, 근친상간, 대인공포증, 자살위협, 동성애, 알코올중독, 우울증, 성생활의 갈등, 이혼 등과 같은 문제에 대처하는 법을 배우지 못한 채 목회현장으로 나아간다. 우리나라는 현재 높아가는 이혼율과 급증하는 가출, 늘어나는 중고등학생 범죄, 성폭력의 증가 등으로 몸살을 앓고 있다. 폭력적인 문화라고 해도 과언이 아닐 정도로 언어적, 심리적, 신체적, 성적, 영적인 폭력이 만연되고 있다. 교통사고와 산업재해, 환경공해도 계속 늘어나고 있어 앞날이 걱정스러울 뿐이다. 이때 우리 교회가 할 수 있는 것은 무엇인가?

해답은 다른 사람에게 해를 입히고 상처를 주는 사람들을 서로 사랑할 수 있는 사람으로 변화시키는 데 있다. 예수님과 초대교회 사도들은 사람들을 변화시키기 위하여 "저희 회당에서 가르치시며 천국복음을 전파하시며 백성 중에 모든 병과 모든 약한 것을 고치셨다"(마 4:23; 9:35; 골 1:28). 설교와 교육과 상담을 통하여 "병든 죄인들"을 구원하여 성장시키고 치유하여 성숙한 사람으로 변화시키는 것은 교회에 주어진 사명이다. 강해설교와 제자훈련을 통한 교육에 비해 한국교회는 상

어떻게 사람을 변화시킬 수 있는가?

담분야를 등한히 했다. 심리학적 인간이해가 없는 목회자들 중에는 신학적이고 영적인 시각만으로 문제를 악화시키는 이들도 적지 않다. 비정상적인 행동에 접하면 귀신들림으로 치부하는 목회자들로 인하여 그리스도의 도가 훼방을 받을 때도 있다. 우리에게는 전인격적인 인간이해가 필요하며 전인격을 변화시키는 목회가 필요하다.

이 조그만 책은 내가 1980년에 회심하여 그리스도인이 된 이후로 학문과 경험을 통해 배운 것 가운데서 목회자들과 신학생들과 나누고 싶은 내용을 축약한 것이라고 할 수 있다. 신학과 심리학의 통합이 가정사역과 목회에 어떻게 도움을 줄 수 있는가? 1989년 유학을 마치고 귀국한 후에 발표한 논문 두 편을 확대수정하여 책으로 펴내게 되었다. 가정사역과 상담사역에 관심있는 분들에게 서론적인 도움을 줄 수 있으리라고 생각한다. 나의 조그만 노력이 가정과 교회를 세우는 일에 부드러운 자극제가 되기를 바란다.

1996년 10월 안식년을 맞아
대전 목동 서재에서
정동섭 교수

저자 소개

저자 정동섭은 경희대학교 영문학과를 졸업하고, 침례신학대학교 대학원에서 기독교교육(M. A. R. E)을 공부했으며, 시카고 트리니티복음주의신학교(Trinity Evangelical Divinity School)에서 상담심리 석사와 교육학 박사 학위를 받았다. 역기능가정에서 심리적 고아로 성장한 그는, 10년 가까이 오대양구원파와 몰몬교와 같은 이단종교집단에서 생활하다가 1980년 서울 사랑의 교회(옥한흠 목사)에서 회심하면서, 상담학자와 교육학자의 길을 걷기 시작했다. 게리 콜린스 박사의 강의를 통역하다가 소명을 받은 그는 은사 콜린스 교수가 가르치던 트리니티신학교에서 석, 박사 학위를 취득하고, 1989년 귀국하여 침신대에서 종교심리, 상담심리, 가정생활을 가르치고 상담, 가정, 이단을 주제로 연 100회가 넘는 각종 집회를 인도하면서 한국교회를 섬기고 있다.

하나님의 부르심을 받기 전 그는 극동방송 아나운서, 영국대사관 부공보관, 미국대사관 홍보전문위원, 그리고 전국경제인연합회 국제부 차장을 역임하였다. 점액다혈질적인 성격의 소유자인 정 교수는 좋은 사람과 좋은 책을 소개하는 것을 좋아하여 지금까지 빌리 그래함 목사의 「하나님과의 평화」(생명의 말씀사), 게리 콜린스의 「훌륭한 상담자」(생명의 말씀사), 데니스 레인의 「하나님과 그의 하나님」(두란노), 「가족치유 · 마음치유」(요단) 등 25권의 책을 번역하였으며, 그리스도인이 된 후 「어느 상담심리학자의 고백」(IVP), 「당신의 가정도 치유될 수 있다」(하나), 「그것이 궁금하다」(하나), 「하나님이 가르쳐준 행복한 가정생활」(CUP) 등의 책을 저술하였다.

이단을 직접 경험한 배경 때문에 한국복음주의신학회 이단연구위원으로, 그리고 무너져가는 가정을 세우자는 일념으로 1994년 이후 한국가정사역학회 회장으로 한국교회와 가정을 섬기고 있다. 평생 집사로 헌신한 그는 두 아들 지훈이와 명훈이의 아버지로, 신성회 상담정보실(042-255-1988)을 운영하고 있는 아내 이영애 집사와 함께 현재 대전대흥침례교회(안종만 목사)를 섬기고 있다.

1
기독교상담
Christian Counseling: Integration of Psychology and Theology

들어가는 말: 교회현실에 대한 진단

인간은 시공간적으로 한계를 지닌 피조물로서 매일 갖가지 문제에 시달리고 있다. 그리스도인과 비그리스도인을 포함해서 우리 인간이 경험하는 문제는 다양하다. 미국 콜로라도 주 소재 보수침례신학대학 총장인 버논 그라운즈(Grou-

---

☙ 기독교와 심리학은 양립할 수 있는가? 기독교 신학과 심리학은 원수관계인가, 친구관계인가? 신학과 심리학의 통합을 다루는 이 글은 월간 "목회와 신학" 1992년 9월호에 전재된 바 있으며, 침례신학대학 1992년도 교수논문집에도 수록되어 있다. 저자는 같은 논문을 1991년에 고려대학교에서 열렸던 학원 복음화 협의회 상담분과 모임에서 발표했고, 1992년 2월 남서울교회에서 열렸던 기독청소년 상담실 주최 상담교육 세미나에서도 발표했다. 1995년 4월 3일 21세기 운동본부에서 주최하는 목회와 신학 인턴쉽 월요강좌에서 같은 내용을 "심리학과 성경의 조화"라는 제목으로 발표한 바 있다.

nds, 1976) 박사는 인간이 처해 있는 현실을 다음과 같이 진단했다.

> 사람들은 문제를 안고 있다. 참으로 진부한 말이다. 그러나 이보다 더 비극적으로 진실된 말은 없다. 사람들은 예외없이 문제를 갖고 있다. 우리 모두는 에덴의 동편에 살고 있는 죄 많은 인생들이다. 타락했을 뿐 아니라 연약한, 아니 약하디 약할 뿐 아니라 타락한 존재인 우리는 오류와 고통, 실패, 비극 그리고 죽음에 노출되어 있다. 물론 인생에는 기쁨과 즐거움과 환희의 경험이 있다. 그러나 우리의 삶은 또한 외로움과 질병, 증오, 우울증, 권태감, 불안, 슬픔, 열등감 그리고 절망으로 점철되어 있다(p.17).

우리가 이 세상에서 필요로 하는 것은 우리에게 닥치는 문제를 이해하고 대처할 수 있는 능력이다. 우리는 자신을 돕고 고통하는 이웃을 돕기 위해 문제를 정확하게 이해하고 진단할 필요가 있다. 정확한 진단은 문제의 반을 해결한 것이나 다름이 없기 때문이다.

인간이 경험하는 문제들 중 어떤 것들은 우리가 생리적으로 제기능을 발휘하지 못하는 타락한 몸을 지니고 있다는 사실에 연유한다. 어떤 문제들은 삶의 의미에 대한 우리의 영적 추구와 관계되어 있다. 또 어떤 문제들은 사람의 마음 즉 인지과정 속에 내재되어 있거나 잘못된 개념적 도식 때문에 주변세계를 오해하는 데 기인할 수도 있다. 인간의 정신적 문제들은 인간의 가치감, 소속감, 안정감 등 인간의 기본적인 욕구가 좌절된 데서 연유할 수도 있다. 우리는 영적, 도덕적, 인지적, 정서적, 사회적, 성적 측면을 지닌 복잡한 존재이기 때문이다.

그리스도인이 성장하지 못하는 이유

사람은 영혼을 지닌 존재라기보다 영혼이며, 몸을 가진 존재라기보다는 몸이라고 보는 것이 타당하다. 사람은 영과 마음과 몸이 통합되어 있는 전인격적 존재이다. 사람은 하나의 통일된 연합체(integrated unity or unified whole)이기 때문에, 문제를 접근하는 최선의 방법을 즉각적으로 일목요연하게 제시하기란 어렵다. 사람은 누구나 신체적, 정신적, 영적 문제를 안고 살아간다.

문제의 범위를 교회와 신학교로 좁혀보자. 그리스도인들도 문제를 안고 있다. 한 통찰력있는 신학자는 그리스도인이 성장하지 못하고 제자리 걸음을 하는 데는 세 가지 원인이 있다고 문제의 원인을 분석한 적이 있다.

그의 분석에 의하면, 신자는 첫째, 하나님의 말씀에 대한 체계적이고 정확한 지식이 부족하거나 둘째, 정서적 및 심리적 문제를 안고 있거나 셋째, 비성서적이고 그릇된 세계관을 지니고 있을 때, 성숙한 그리스도인으로 성장하지 못한다는 것이다.

나는 이것이 우리 한국 교회와 신학교가 안고 있는 문제를 정확하게 해부한 진단이라 생각한다. 우리나라 개신교회에서는 하나님의 말씀에 대한 체계적 이해의 중요성을 인식하고 최근에는 귀납법적 성경공부와 강해설교와 제자훈련에 관심을 돌리고 있다. 많은 목회자들이 부흥사 스타일의 제목설교에서 말씀 중심의 강해 주석설교로 전향하고 있다. 또 최근년에 들어서 기독교적 세계관의 중요성을 인식한 평신도 과학자들을 중심으로 창조과학회와 기독교대학 설립동역회가 구성되어 범교단적으로 그 영향력을 확대시켜 나가고 있다.

그러나 하나님의 창조를 믿고, 하나님께서 모든 진리의 원천이 되신다는 세계관을 수용하고, 올바른 진리를 선포하고, 옳은 교리를 믿는 것만으로 우리의 생활이 정상화되고 성도들 사이의 대인관계가 원만해지는 것이 아니라는 현실을 우리는 발견하기 시작했다. 성서적으로 정확한 명제적 진리를 선포한다고 성도들이 경험하고 있는 불안, 외로움, 죄책감, 분노, 우울증, 열등감 등의 문제가 자동적으로 해소되거나 대인관계가 저절로 향상되는 것이 아니기 때문이다.

그리스도인의 정신건강

성경의 가르침과 사람들의 실제생활 사이에 심각한 간격이 존재함을 지적하면서, "성서적 상담"(Biblical Counseling)을 제창한 로렌스 크랩(Crabb, 1988)은 그의 최근 저서에서 다음과 같은 주장을 하고 있다.

> 좋은 설교와 진지한 성경 공부만 하면 성도들의 개인적인 문제들에 직접 관여하지 않아도 그들의 개인적인 문제를 해결해 준다는 견해는 나에게 심각한 우려를 자아낸다. 나는 이러한 견해를 완고하게 가르치는 교수들이 실상은 자신을 보호하기 위해 이러한

어떻게 사람을 변화시킬 수 있는가?

문제들을 고집스레 외면하는 죄를 범하고 있지 않은가? 하고 종종 의구심을 품는다. 신학교 교수들 중에는 사람들이 던지는 어렵고 현실적인 문제들에 대해 아무런 대안도 갖고 있지 않은 이들이 있는 것 같다. 아마 그들 자신의 생활이 해결되지 않는 문제로 괴롭힘을 당하고 있는지도 모른다. 현실 생활에 의해 야기되는 절박한 문제를 갖고 성경으로 달려가는 대신, 그들은 학문이라는 벽 뒤에 숨어서 학생들과 그들이 던지는 질문으로부터 도피하고 있는지도 모른다. 주석적 도구와 해석의 원리들은 해결되지 않은 문제의 현실을 부인하는 수단이 될 수도 있다. 설교자들이 살아 있는 말씀을 본문으로 생명력 없는 해석을 선포하고 있는 동안, 실제 생활은 검토되지 않은 채로, 실제 생활의 의문들은 해답을 얻지 못한 채로 남아 있다(p. 51).

성경은 그리스도인들이 심리적 문제나 개인적 문제로부터 면제되어 있다고 주장하지 않는다. 프란시스 쉐퍼(Schaeffer, 1971)는 이렇게 동조하고 있다.

> 이것을 분명히 하자. 인간이 타락한 이래 모든 사람은 심리적 문제들을 경험해 왔다. 그리스도인이 결코 심리적 문제를 겪지 않는다고 말하는 것은 전적으로 넌센스이며, 성서적 기독교와 무관한 낭만주의에 지나지 않는다. 모든 사람은 심리적 문제를 안고 있다. 정도와 종류가 약간씩 다를 뿐이지, 타락한 이래 모든 인간은 각종 심리적 갈등을 겪어 왔다(p. 132).

하나님은 관계를 사모하고, 생각하고, 선택하고 느낄 수 있는 독립적 인격이시다. 하나님의 형상을 지닌 인간도 하나님과 똑같이 깊은 관계를 사모하며, 생각하고, 선택하며, 느끼는 인격적인 존재이다. 사람은 합리적이고 의지적이며 정서적인 존재이다. 인간은 통합된 전체이기 때문에 어느 차원에 문제가 생기든 전인격적으로 접근하지 않으면 안된다.

명제신학과 관계신학

대인관계와 정서적 치유의 중요성을 인식한 일부 복음주의 신학자들은 죄, 구원, 내세, 축복 등에 대한 명제적 진리와 서로 짐을 져주고 돌아보는 성도간의 관계가 다같이 필요한 것임을 강조하기 위해 명제신학(命題神學: Propositional Theology 또는 대역사신학: Transactional Theology)과 관계신학(關係神學: Relational Theology 또는 대인관계신학: Interpersonal Theology)을 상호보완적인 개념으로 대비하여 설명하고 있다.

> 금세기초에, 자유주의 신학자들은 성경의 영감성과 무오성에 의문을 제기하고, 인간의 이성과 인간의 잠재력, 인간의 욕구와 인간관계에 대한 이해의 중요성을 강조하기 시작했다. 보수주의 그리스도인들은 성경의 권위와 인간의 전적 부패를 강조함으로 맞섰다. 따라서 보수주의자들은 인격적이거나 대인관계적인 것 그리고 사회적인 것을 덜 강조하는 성향이 있었다. 그들이 덜 강조한 것은 메시지를 주고 받는 과정과 의사소통 과정에 관련된 사람들이었다. 그 결과 보수적인 그리스도인들은 과정보다는 내용을, 교제보다는 교리를, 나눔(sharing)보다는 연구(studying)를 더 지향하는 성향이 있었다(Howard, 1979, p. 165).

그러나 상황은 변하고 있다. 지난 30여 년 동안, 명제적 진리(propositional truth)와 인격적 관계(personal relationship)를 똑같이 강조하는 건전한 움직임이 계속되었다. 나는 관계신학의 필요성을 인정하는 크리스찬 심리학자로서, 우리도 진리와 인격을 그리고 사랑과 진리를 똑같이 균형있게 돌보아야 한다고 믿는다.

명제신학은 인간에 대한 하나님의 위대한 역사를 강조하는 신학으로, 성육신, 대속적인 구속, 예수 그리스도의 재림, 칭의와 성화, 영화 등의 교리를 기본으로 하고 있으며, 그리스도의 인격과 사역을 다루는 기독론, 교회론, 종말론과 같은 기독교의 기본 진리에 초점을 맞추고 있다. 명제신학은 성경공부를 핵으로 하여 이루어지며, 그리스도인들은 믿음과 사랑, 순종 그리고 감사로 반응하도록 되어 있다.

반면에 관계신학은 인격을 변화시키고 인간관계를 향상시키는 하나님의 능력에 강조점을 두고 있다. 키드 밀러(Keith Miller, 1976)는 관계신학을 "기독교의 기본교리를 기초적 진리로 삼고, 자신의 삶과 미래의 운명을 주변 사람과 하나님 그리고 자기 자신에게 최대한으로 헌신하고 위탁하는 신학"이라고 정의했다.

다시 크랩(1988)의 말을 들어보자. 그의 진단이 미국 교회만을 두고 하는 말인지 우리 스스로를 돌아볼 필요가 있다.

> 우리는 사람들이 변화해야 하며, 그리스도인이 그리스도 안에서 성장해야 한다는 것을 안다. 그리고 그들이 변할 수 있음을 우리는 믿는다. 그러나 순종과 기도와 하나님의 말씀을 묵상하는 것

에 대한 몇 가지 기본적인 개념을 제쳐 놓으면, 우리는 어떻게 변화가 일어나며 무엇이 변화를 촉발하는지에 대해 별로 아는 바가 없다. 우리는 신학과 제자훈련, 기독교 교육 방법 또는 교회 구조에 대한 열띤 토론 뒤에 우리 자신의 무지를 숨길 때가 너무 많다. 이들 토론에 결여되어 있는 것은 통일성이 있고 응집력이 있는 변화에 대한 (이론적) 모델이다(p. 89).

적절한 해답은 사람과 그들의 문제에 대한 적절한 이해와 진단이 있을 때 가능한 것이다. 건전한 신학과 폭넓은 성경지식을 갖고 있는 교인들이 우울증으로 고생한다. 소명을 받아 신학교에 입학했다는 신학생이 시험 때 부정행위를 하고, 학교 분위기에 실망한 학생들이 술담배로 스트레스를 풀려 하고, 어떤 학생들은 이성교제를 하다가 심각한 삼각관계에 빠져 헤어나지 못하거나, 사랑의 이름으로 동거생활을 하고 있다. 장로나 집사님들이 제직회에서 악의에 찬 말다툼을 벌이고, 목사님들이 교단총회에서 피차 중상모략을 일삼는 가운데 서로를 헐뜯고 피차 세워줄 줄을 모른다.

크리스챤 부부들이 서로 분노의 감정을 대화를 통해 해소하고 피차 용서하는 법을 몰라 정서적인 이혼상태에서 생활하고 있다. 광장공포증이나 고소공포증, 그리고 대인공포증으로 고민하는 사람이나 부정적 자아상 때문에 자기비하를 일삼는 교인, 대인관계를 할 줄 몰라 계속 직장에서 해고당하는 교인들을 귀신이 들렸다고 축사를 하거나 "회개하라, 기도하고 주님의 뜻에 맡기라"고 하면 문제가 해결되는가? 어떤 이름있는 목회자는 돈을 주고 이름없는 외국신학교에서 박사학위를 구입한다. 신학교 교수들이 나름대로 학생들에게 훌륭한 강의로 감화를 주려고 노력하고 있는데, 학생들은 존경할 스승도 없고 대화할 교수가 없다고 불평하고 있다.

명제신학은 사람들이 옳은 진리를 믿기만 하면 그들은 자동적으로 보다 나은 사람이 되어 원만한 인간관계를 누리게 될 것이라고 가정한다. 그러나 어떤 이유에서인지 명제신학이 현실생활에서 효력을 나타내지 못하고 있다. 관계신학자들은 지금까지의 명제신학이 너무나 경직되고 초연하며 냉랭하고 비인격적인 성향을 띠게 되었다며 성경이 더 이상 실제 생활에 영향을 미치지 못하는 책처럼 되어 버렸다는 데 문제가 있다고 말하고 있다.

우리에게는 따뜻한 피부가 있는 신학이 필요하다. 성서신학은 대인관계와 하나님과의 관계, 그리고 인간의 내면적인 갈등에 관심을 갖는다. 그래서 부루스 라슨(Larson) 목사는 관계신학을 "성서신학으로 되돌아 가려는 시도이며, 하나님을 사랑하고 이웃을 사랑하라는 가장 큰 두 가지 계명을 사람들에게 상기시키려는 노력" 이라고 정의했다.

그러나 크리스찬 심리학자 게리 콜린스(Collins, 1984)가 지적한 대로, 일부 복음주의를 옹호하는 교회지도자들 중에는 기독교의 기본진리를 옹호하는데 급급한 나머지 성경이 우리의 내적인 상처와 인간관계상의 갈등에 치유책이 될 수 있다는 관계신학자들의 주장에 귀를 기울이지 않고 있다.

우리에게는 성서적 기반 위에 서 있으면서도 우리의 실

생활에 분명히 적용될 수 있는 기독교가 필요하다. 우리는 명제신학의 가치와 바탕을 망각하지 않으면서도 관계신학의 가치와 능력을 인정하고 이를 대인관계와 상담사역에 적용할 수 있어야 할 것이다.

기독교와 심리학의 관계

인간이란 어떤 존재인가? 인간의 행동 뒤에는 어떤 동기가 깔려 있는가? 하나님은 인간에게 어떤 욕구를 주셨는가? 인간은 왜 동료 인간과 어울리지 못하는가? 인간은 어떻게 배우고 학습하는가? 인간은 왜 술과 오락, 음식, 음악, 음란물 같은 것에 중독되는가? 왜 인간은 죽이고 도둑질하고 정신병자가 되는가? 인간은 어떻게 변화할 수 있는가?

> "우리는 생활을 하며, 사랑을 하며, 남과 다투거나 시기하며, 음악을 즐기며, 얘기를 하며, 감자를 심으며, 착각이나 환각으로 고민하며, 무서운 꿈을 꾸며, 야심을 품으며 이웃사람들과 싸우기도 한다. 이는 도대체 무슨 이유일까?"(메닝거, 1987, p. 15).

심리학의 성격과 구분

여러분이 알고 있는 대로 이와 같은 질문에 대해 관심을 갖고, "인간과 동물의 행동과 심리과정을 이해하고 예측하며 통제하려고 시도하는 학문이 심리학이다." 따라서 심리학자들은 직접 관찰할 수 있는 행위, 즉 인간의 행동과 언어, 그리고 간접적으로 관찰할 수 있는 행위, 즉 인간의 감정과 생각, 동기, 또는 자아개념과 같은 주제에 관심을 갖고 있다. 사물을 보고 듣고 생각하는 것은 눈에 보이지 않지만 그 사람 자신만이 알고 있는 행동이라 할 수 있다.

그러므로 심리학은 인간의 마음 즉 심리과정(mental process)과 행동(behavior)을 이해하고 변화시키는 데 관심을 쏟고 있다. 심리학은 인간의 행동과 마음과의 관계를 이해하려고 노력하는 학문이다. 즉 심리학은 인간의 행동과 심리과정을 과학적으로 연구하는 학문이다.

심리학은 19세기에 철학으로부터 분리되어 독립된 매우 새롭고 가능성이 많은 학문으로, 현대의 많은 학문 분야처럼, 심리학도 다양하게 세분화되어 있다.

임상심리, 상담심리, 학교 및 교육심리, 실험심리, 사회심리, 발달심리, 성격심리, 이상심리, 산업심리, 군사심리, 소비자심리, 광고심리 등 헤아릴 수 없이 다양하게 분화되었는데, 크리스찬 심리학자가 특별히 관심을 기울이는 분야는 상담심리, 임상심리와 교육심리 그리고 종교심리 등 치료적 심리학(therapeutic psychologies)이다.

세계관의 관점에서 본 기독교

세계관(world view)은 사람들이 그들의 세계 구조에 대하여 가지고 있는 전제와 가정으로 이루어진다(Sire, 1976). 세계관은 근원과 목적, 올바른 행동의 한계, 궁극적인 관계들, 그리고 운명의 맥락에서 인생을 바라보는 방식이다. 진실된 세계관은 기본적인 질문에 대한 사려깊은 해답을 포함한다.

첫째는 궁극적 실재에 대한 질문, 즉 하나님과 초자연적인 것의 존재와 성격에 대한 질문에 대한 응답이다. 둘째 질문은 우주의 성격에 대하여 묻는다. 셋째는 인간의 성격에 대한 질문이다. 넷째는 윤리와 도덕의 근거에 대한 질문이다. 다섯째는 죽음과 죽는 것에 대한 질문이고, 여섯째는 인류역사의 의미에 답할 수 있을 때 완전한 세계관이라 할 수 있다. 한 개인의 세계관은 학습경험과 관찰, 개인적 검토와 성찰, 토론, 그리고 논의를 통해서 형성되는 것이다. 기본적으로 세계관에는 무신론, 불가지론, 이신론, 그리고 유신론의 네 가지 범주가 있다. 유신론적 세계관에도 유일신론(monotheism), 다신론(polytheism), 그리고 범신론(pantheism)이 있는데, 이 논문에서는 유대기독교적 유신론만의 관점만을 거론하기로 한다.

기독교란 무엇인가?

기독교를 정의하기란 어려운 일이다. 천주교, 성공회, 개신교의 다양한 분파들, 통일교, 애천교회, 여호와의 증인, 구원파, 몰몬교, 다미선교회 등 모두 기독교 범주에 포함될 수 있기 때문이다. 자신을 그리스도인이라고 부르는 사람들이 모두 다음의 정의에 동의하지 않을 수도 있다. 그러나 모든 독자들은 내가 기독교라고 할 때 어떤 의미로 사용하는지를 인식할 필요가 있다. 나는 정령숭배를 세계관으로 하는 가정에서 성장해, 8년간 이단 구원파(기독교 복음침례회)에서 종교생활을 하다가 정통장로교회(대한예수교장로회 합동측)인 사랑의 교회에서 그리스도에게 회심한 후, 침례신학대학과 미국 트리니티 복음주의신학교에서 기독교상담학과 가정사역을 연구한 복음주의적 그리스도인이다. 나는 복음주의적인 기독교인의 입장에서 기독교를 다음과 같이 정의한다.

> 기독교는 예수 그리스도와 성경의 저자들의 가르침에 근거를 둔 신앙체계를 일컫는다. 기독교의 본질(essentials)은 (1) 성경이 신적으로 영감받은, 오류가 없는 하나님의 말씀으로서 교리와 행동에 대한 모든 문제에 최종적 권위가 되며, (2) 전지전능하고 무소부재하시며 완전하고 거룩하신 유일하신 하나님이 아버지와 아들과 성령의 삼위로 거하시며, (3) 하나님의 형상대로 창조된 인간이 자원해서 죄를 범했으며 그 결과 하나님으로부터 소외되었고, (4) 하나님의 아들 예수 그리스도는 인간의 구원을 가능하게 하기 위해 십자가에 죽으셨으며, (5) 그리스도는 죽은 자 가운데서 신체적으로 부활하셨으며, (6) 자신의 죄를 고백하고 회개하여 그리스도를 주로 인정하는 것만이 인간이 영원한 구원을 선물로 받고 하나님과 교제를 회복할 수 있는 유일한 길이며, (7) 그리스도께서 앞으로 언제인가 모든 사람을 심판하고 불신자들을 형벌하고 신자들과 영원히 살기 위해서 다시 오신다고 기대하고 소망하는 믿음을 받아들이는 데 있다.

심리학의 역사와 기독교와의 관계

사람들은 수천 년 전부터 인간의 심리에 대한 관심을 가져왔지만 실험, 관찰, 측정을 통해 체계적 접근을 하는 하나의 과학(science)으로서의 심리학이 발달하기 시작한 것은 1879년 독일의 빌헬름 분트(Wilhelm Wundt)가 실험실을 차리면서부터였다. 그러니까 올해로 심리학의 역사는 꼭 118년이 되었다.

독자들이 주지하고 있는 대로 심리학은 크게 대별하여, 스키너(B. F. Skinner)와 왓슨(J. B. Watson)에 의해 대표되는 행동주의 심리학, 프로이드(Sigmund Freud)와 융(Carl Jung), 애들러(Alfred Adler), 에릭슨(Erik Erikson) 등에 의해 대표되는 정신분석심리학, 로저스(Carl Rogers)와 매슬로우(Abraham Maslow), 고든 올포트(Gordon Allport)에 의해 주도되는 인본주의 심리학, 그리고 초인격주의 심리학(transpersonal psychology)의 4대 세력운동을 거치면서 발전해 왔다.

스키너, 프로이드, 로저스 등 대부분의 심리학자들은 기독교적인 세계관을 받아들이지 않는 입장에서 인간의 심리와 행동을 연구했기 때문에, 이들이 종종 반기독교적인 주장을 한 것이 사실이다. 무신론적 세계관에 바탕을 둔 심리학자들은 지식의 원천과 인간의 본성, 종교의 필요성에 대해 그리스도인과 전제를 달리한다. 그리고 대부분의 심리학 이론은 신본주의적 기독교적 관점을 강조하지 않는다.

초인격주의 심리학은 서양의 인본주의 심리학과 동양의 신비주의 세계관이 만나서 이루어진 것으로 초자연적인 실재를 인정한다. 그래서 초인격주의 심리학자들은 그들의 고객에게 동양의 명상이나 좌선기술을 가르친다. 칼 로저스는 그의 말년에 영의 세계와 교통하려 시도하다가 비참한 종말을 고하기도 했다. 초자연적인 실재에 대한 그들의 믿음은 "뉴에이지 운동"(New Age Movement)에서 보는 것처럼 인간 자신을 하나님으로 부각시키는 범신론으로 나타나고 있다는 데 문제가 있다.

한편 1970년대 이후 심리학자들과 심리치료사들 가운데, 특히 복음주의적인 그리스도인들 중에 전통적인 가치를 고수하면서 심리학과 신학을 통합하려는 운동이 빠른 속도로 진행되었다.

신본주의 심리학(theocentric psychology) 또는 기독교심리신학(Christian psychotheology, Smith, 1990)이라고 부를 수 있는 이 운동은 1990년대에 와서 더욱 활발하게 이루어지고 있다. 심리학과 신학의 대화, 또는 심리학과 기독교와의 대화는 Journal of Psychology and Theology, Journal of Psychology and Christianity, Christian Counseling Today 등의 잡지를 통하여 이루어지고 있다. 따라서 심리학적인 주제를 기독교적인 관점에서 다루는 책들이 쏟아져 나오고 있다.

행동주의자들은 하나님이나 방언, 신유, 귀신들림, 회심 같은 인간의 경험은 실험을 할 수 없기 때문에 종교는 무의미하다고 했다. 그래서 왓슨 같은 심리학자는 종교를 심리학적 연구대상에서 제외시키려고 시도했다.

프로이드 같은 정신분석학자들은 종교를 인류의 보편적 강박성 노이로제 현상으로 규정하고, 과학 이전 시대의 산물인 종교는 현대인에게 유치한 것이며 인간에게 해롭다고 주장했다. 프로이드는 사람의 형상대로 만들어진 신을 상정해 놓고 종교와 기독교에 대하여 전쟁을 선포하였다. 로저스와 매슬로우 같은 인본주의자들은 하나님을 믿어도 무방하나 우리의 관심사는 인간과 그의 가능성이라고 했다.

이와 같이 심리학의 3대 세력은 모두 종교가 대체로 불필요하다는 데 의견을 같이 하고 있다. 어느 정도의 종교적 및 기독교적 관심을 가지고 심리학 연구를 시작했던 이들(예, 칼 융, 윌리암 제임스, 칼 로저스, 롤로 메이, 에릭 프롬)까지도 이전의 종교적 신앙을 포기하거나 약화시키기에 이르렀다(Vitz, 1985). 상당수 기독교인들이 심리학을 적대시하는 것도 이해할 만한 일이다.

17세기에는 천문학이, 18세기에는 물리학이, 19세기에는 생물학과 신체인류학이 과학과 종교적 신앙 사이의 갈등에 있어 무대중앙을 차지했다고 할 수 있다.

게리 콜린스(1973)가 지적한 것처럼, 20세기에는 심리학과 사회과학이 기독교와 과학 사이의 논쟁의 초점으로 부상하고 있다(p. 121).

심리학과 기독교는 둘 다 인간과 그의 행동을 이해하려고 노력한다. 둘 다 인간의 문제를 해결하고 그의 행동을 변화시키는 데 관심이 있다. 그러나 두 사고체계가 지니는 전제와 방법이 너무나 상이하기 때문에 기독교와 심리학 사이에는 지난 한 세기에 걸쳐 상당한 갈등과 긴장이 상존해 왔다.

심리학과 기독교의 가장 공통된 전제들

전제	심리학	기독교
세계관	자연주의: 인간이 인간의 주인이다.	신본주의: 하나님이 주관하신다.
결정론	모든 행동은 자연법칙에 따라 결정된다.	어떤 행동은 결정되나, 하나님과 인간이 행동변화를 위해 자유롭게 관여할 수 있다.
인간의 본성	인간은 기본적으로 선하며 향상될 수 있다.	하나님이 인간을 변화시킬 수 있는 길을 마련해 주셨으나 인간은 나면서부터 죄인이다.
윤리	모든 의도적 선택은 상대적이다. 선악은 개인 및 문화적 상황에 좌우된다. 절대적 기준은 없다.	상황에 따라 어떤 도덕적 선택은 상대적이나, 하나님께서 주신 선악의 절대적 기준이 있다.
권위	과학적인 방법과 발견만이 으뜸이다.	성경에 계시된 신적인 계시만이 으뜸이며, 과학적 발견과 방법은 중요하나 이차적 중요성을 지닌다.

심리학과 기독교의 전제상의 차이

기독교와 심리학은 다른 사상체계와 마찬가지로 몇 가지 기본적인 전제 위에 서 있다. 기독교와 심리학은 서로 기본적인 전제를 달리하고 있어 둘 사이의 갈등은 불가피하다. 기독교와 심리학은 우리가 살고 있는 세계에 대한 견해(세계관), 인간의 행동이 자연법칙에 의해서 결정될 수 있는 정도, 인간의 본성, 윤리적 결정의 근거, 모든 진리의 원천 등에 대한 전제를 달리하고 있다.

그리스도인의 마음은 "진리의 연합"(unity of truth: Holmes, 1977)에 헌신되어 있다. 이와 같은 태도는 하나님은 모든 진리의 원천이 되신다고 가정하고 있다. 다시 말해, 진리가 성경 안에서 발견되었든, 자연에서 발견되었든, 그 진리가 신학의 내용이든, 인류학, 생물학, 지질학, 수학, 철학, 사회학, 또는 심리학의 내용이든 하나님께서 진리의 원천이 되신다는 것을 전제로 하고 있다.

현대 심리학과 상담학의 기초가 되는 과학적 이념의 중심 핵은 실험주의(empiricism)와 결정론(determinism), 상대주의(relativism), 축소주의 또는 환원주의(reductionism), 그리고 자연주의(naturalism)에 대한 확고한 믿음으로 구성되어 있다(콜린스, 1977). 그러나 뷰브(Bube, 1971)가 주장한 것처럼, 과학적 인식론은 한계를 지니고 있다.

> 과학은 감각적 접촉만을 동원하는 방법을 통해서 진리를 파악한다. 감각적 접촉에 의해서 파악될 수 있는 것은 무엇이나 자연적이지만, 그것은 또한 초자연적인 해석을 지닐 수도 있다. 자연계 속의 초자연적인 것의 현현은 과학에 의해서 파악될 수 있겠지만, 감각접촉을 통해서 파악될 수 없는 방법으로 초자연적인 것이 나타나는 것은 과학의 영역 밖에 있는 것이다. 그러므로 과학은 진리를 취득하는 한 가지 방법에 지나지 않는다. 전체적 진리는 언제나 과학적 관점 이상을 요구하기 때문이다(p. 113).

콜린스는 「크리스찬 심리학」에서 상담과 심리치료, 그리고 심리학에 대한 복음주의적 접근을 하기에 적합한 과학적 기초를 수용하는 확대된 전제를 제시하고 있다. 기독교적 상담접근을 계발하는 데 필수적인 과학적 기초는 다음과 같은 전제를 포함해야 할 것이다.

1. 하나님은 인격적으로 존재하시며 모든 진리의 원천이 되신다.
2. 인간은 하나님의 형상 안에 존재하며 진리를 발견하고 알 수 있다.
3. 진리에 대한 과학적 추구는 다음을 전제로 한다.

(1) 확대된 실험주의(expanded empiricism): 기독교 심리학은 감각접촉을 통한 자료수집 외에도 직관(개인의 생활 가운데 성령의 임재의 영향력을 깨달음)과 성경에 계시된 진리도 허용한다.

(2) 선택의 자유를 겸한 탄력적 결정론(flexible determinism): 순수한 개인의 선택과 초자연적인 영향에 의해 이루어진 개인적 선택을 허용한다. 경직된 절대적 결정론은 진정한 인간의 선택을 배제한다.

(3) 성서적 절대주의(Biblical absolutism): 과학적 상대주의는 개인적 가치체계와 도덕적 및 윤리적 성격의 결정을 위한 규범적 지침을 위해 성서적 절대주의에 의해 대치될 필요가 있다.

(4) 균형있는 전체주의(balanced holism): 개인을 단편적 부

분으로 분열시키고 인격을 단지 물질에 지나지 않는 것처럼 취급하는 과학의 축소주의(환원주의)는 인격이 전체적으로 검토되어야 한다는 균형잡힌 전체주의에 의해 대치되어야 한다.

(5) 기독교적 초자연주의(Christian supernaturalism): 비유신론적인 자연주의는 인격적이고 주권적인 하나님이 우주를 창조하시고 우주질서를 지탱하는 법칙과 원리를 주관하고 계시다는 기독교적 초자연주의에 의해 대치되어야 한다.

(6) 성경적 인간론(Biblical anthropology): 하나님의 형상대로 지음받은 인간이 자유를 오용하여 하나님으로부터 도덕적, 영적으로 소외된 상태에 있다는 성경적 인죄론을 수용해야 한다.

공감하는 분야들

심리학은 행동을 정확하게 묘사하기 위하여 "비정상 행동, 자아, 충동, 역기능가정, 우울증, 조건화"와 같은 구체적이고 모호하지 않은 전문용어를 계발해 왔다. 반면에 성경은 영적인 실재를 묘사하기 위해 죄, 영혼, 구원과 같은 용어를 사용한다. 따라서 신학과 심리학 두 분야를 함께 공부하지 않은 사람은 상대가 사용하는 용어를 오해할 수 있고, 특히 심리학자는 성경의 용어를 이해하기 어렵다(고전 2:14). 따라서 두 분야를 거론하는 데는 언제나 오해와 지나친 단순화의 가능성이 있지만, 게리 콜린스(1973)는 기독교와 심리학은 적어도 다음과 같은 6가지 분야에서 동의하고 있다고 보았다(p. 124).

1. 인간은 가치를 지니고 있다. 심리학자들은, 인간은 스스로 가치를 지닌 존재로 본다. 그리스도인은 인간이 하나님의 피조물이기 때문에 가치가 있다고 믿는다. 비록 인간이 죄를 범했지만, 하나님은 그의 구원을 위한 대안을 마련해 줄 만큼 인간에게 가치를 부여하고 사랑하셨다(요 3:16).

2. 인간의 행동은 여러 가지 세력에 의해 영향 받는다. 기독교 신학과 심리학은 인간이 예를 들어 생리적인 힘과 사회적인 세력에 의해 영향을 받는다는 데 의견을 같이 하고 있다.

3. 어린시절의 경험이 성인의 행동에 영향을 미친다. 프로이드가 처음으로 이러한 주장을 했는데, 성경은 잠언 22:6 같은 곳에서 이를 언급하고 있다.

4. 인간에게는 문제가 있다. 성경과 심리학자들은 인간에게 문제가 많다는 데 공감하고 있다.

5. 인간문제의 원인은 적어도 부분적으로 이해될 수 있다. 사람의 문제의 원인을 온전히 이해할 수 있는 분은 창조주 하나님뿐일 것이다. 사람은 문제의 실체와 원인에 접근할 뿐이다.

6. 인간의 문제는 축소시킬 수 있다. 기독교와 심리학은 무엇이 인간의 문제를 야기시키는지에 대해 의견을 달리하고 있다. 뿐만 아니라 문제의 해결방안에 대해 상당한 견해차이를 보이고 있다. 기독교에서 인간의 문제의 원인을 타락과 죄에서 찾고 있을 때 심리학에서는 대체로 병에서 그 원인을 찾는 성향이 있다. 그러나 둘 다 사회와 인간의 상태를 향상시키기 위해 무엇인가를 할 수 있다는 데 동의하고 있다.

목회상담학의 태동

기독교인이 심리학에 대해 듣기 시작한 것은 1920년대 초였고 엔톤 보이센(Anton Boisen) 목사가 정신병원에 입원했다 퇴원한 것이 계기가 되어 CPE(임상목회교육)운동을 시작했는데, 이후로 여러 신학교에서 목회심리학(pastoral psychology)을 교육과정에 포함시키기 시작했다. 심리학과 사회학과 인류학에 대해 먼저 관심을 쏟기 시작한 것은 자유주의 계통의 학자들이었고, 복음주의자들이 심리학에 대해 듣기 시작한 것은 1950년대의 일이다.

지난 70년 동안에 폴 투르니에(Tournier, 1975) 같은 의사와 게리 콜린스 같은 임상심리학자가 신학과 심리학과 의학을 접목시키려 노력하는 가운데 목회상담이나 기독교상담(基督敎相談)은 꾸준히 성장해 왔다. 그러나 크리스챤 심리학자들이 기독교와 심리학의 관계에 대해 다같은 보조를 취하고 있는 것은 아니다. 뉴욕 대학의 폴 비츠(Vitz, 1985)는 심리학은 하나의 종교로서 자아숭배에 기초한 일종의 세속적 인본주의라고 말하고 있고, 윌리암 킬패트릭(Kilpatrik, 1985)은 심리학이 좋은 의도를 지니고 있겠지만, 양의 옷을 입고 나타난 매혹적이고 위험한 이리라고 비난하기도 했다.

데이브 헌트(Hunt, 1987) 같은 이는 기독교 심리학을 일찍이 교회를 침범한 세력 중 가장 위험하고 강력한 형태의 현대주의라고까지 힐난하고 있다. 일부 크리스챤 심리학자들에게 세속 심리학이 지탄의 대상이 되는 것은 이해가 가는 일이다.

어떻게 사람을 변화시킬 수 있는가?

교회지도자와 상담자에게 커다란 도움을 줄 수 있는 잠재력을 지닌 심리학은 기독교의 메시지를 약화시키고 성도들의 믿음을 무너뜨릴 수 있는 주장을 담고 있다. 그래서 일부 보수주의 심리학자들이 교회를 보호하기 위해 반심리학적인 논쟁을 벌이는 것은 이해할 만한 일이다. 그러나 이러한 일부 비판자들의 비난은 심리학에 대한 오해에 기인한다고 생각한다. 심리학은 반종교적(anti-religious)이라기보다 비종교적(non-religious)이라고 하는 것이 더 정확한 표현이다. 크리스찬과 심리학자들은 종교현상을 인간행동을 연구하는 학문과 무관하다고 일축해 버린다. 물론 기독교 심리학자들은 무신론적인 심리학자들과 믿음과 전제를 달리한다.

기독교와 심리학의 통합

리차드 니버(Niebuhr)가 그의 중요한 저작 「그리스도와 문화」를 출간한 지 40여 년이 되었다. 이 책이 나온 이후, 기독교와 문화의 관계에서 있을 수 있는 가능성을 제시하는 그의 분석은 많은 논쟁과 토론을 불러일으켰다. 니버의 분석은 카터(Carter)와 네러모어(B. Narramore)가 심리학과 기독교의 관계를 탐색하는 데 적용되었다. 이들 크리스찬 심리학자들은 그리스도인이 심리학에 대하여 취할 수 있는 입장과 관련하여 네 가지 중 한 가지 입장을 취할 수 있다고 제안하고 있다.

첫째로, 그리스도인은 기독교와 심리학의 통합을 반대할 수 있다. 이러한 입장을 지지하는 사람들 가운데는 아담스(Jay

Adams)와 맥아더(John McArthur, Jr.) 목사, 킬패트릭(Kilpatrik), 그리고 밥갠(Bobgan) 부부가 있다.

두번째 접근은 심리학과 기독교는 상당히 많은 공통점을 지니고 있으며, 그리스도인은 이 공통된 자료를 탐색함으로 크게 혜택을 입을 수 있다고 가정한다. 이러한 입장을 취하는 심리학자 가운데는 힐트너(Seward Hiltner), 샌포드(John Sanford), 융(Carl Jung)과 밀(Paul Meehl)이 있다.

세번째 입장은 심리학과 기독교는 서로 분리된 학문분야로서, 이론가가 둘을 통합하려 할 때 각자의 정체성이 위협을 받게 된다고 주장한다. 그러나 두 분야 사이에는 서로 나란히 비교할 수 있는 개념이 많이 있다. 초자아(superego)는 양심(conscience)에 대한 또 다른 표현일 수가 있고, 원초아(id)는 바울이 말하는 죄성(sin nature)이나 요한이 말하는 육신의 정욕(lust of the flesh)과 동일시될 수 있는 개념이다. 이들은 두 분야에서 사용하는 말을 나란히 병립시켜 놓은 것에 불과하다. 팀 라하이(Tim Lahaye), 네러모어(Clyde Narramore), 샐(Milard Sall), 그리고 드레이크포드(John Drakeford)가 이러한 입장을 취한다고 할 수 있다.

카터와 네러모어는 이상 세 가지 입장을 거부하고 심리학과 기독교는 통합될 수 있다고 주장한다. 이들과 함께 기독교와 심리학의 통합을 통해 기독교상담학이 가능하다는 입장을 취하는 학자들 가운데는 게리 콜린스(Gary Collins), 로렌스 크랩(Lawrence Crabb), 폴 투르니에(Paul Tournier), 모리스 와 그너(Maurice Wagner), 워렌 허드(Warren Heard, Jr.), 스탠톤 존스(Stanton Jones), 데이비드 베너(David Benner), 로저 허딩(Roger Hurding), 빌 톰슨(Bill Thompson), 데이비드 흄(David Hulme), 윌리암 커완(William Kirwan) 등이 있다. 이러한 입장에서 심리치료 접근을 하는 국내 크리스찬 정신의학자 가운데는 이만홍, 최영민, 이성훈 등이 있다. 이들은 "내담자의 독특한 필요들과 생활상의 문제 전반에 개방적이며, 종합적이고, 융통성이 있으며, 참으로 반응적인 심리치료를 위해 절충적인 시도가 필수적"(Smith, p. 31)이라고 주장한다.

카터(John Carter)와 네러모어(Bruce Narramore)의 통합모델은 하나님은 모든 진리의 원천이 되시며 모든 진리는 하나님의 진리라는 믿음에 근거를 두고 있다.

> 이성과 계시, 그리고 과학적 방법은 모두 진리를 추구하는 과정에서 타당한 역할을 하는 것으로 보여진다. 인간은 하나님의 형상대로 창조되었고 하나님은 성서를 통해 특별한 방법으로 자신을 계시하시고, 창조를 통하여 일반적인 방법으로 계시하셨기 때문에 우리는 성경과 심리학의 발견 사이에 일치를 발견하리라고 기대할 수 있다. 통합주의적인 접근은 심리학과 기독교는 서로 친구관계(동맹관계: allies)라고 믿기 때문에 둘 다 강조한다. 이들은 진리의 통일성을 믿기 때문에, 하나님은 모든 진리의 원천이 되시는 만큼, 단 하나의 설명적 가설이 존재할 수 있다고 전제한다(카터와 네러모어, 1979, pp. 103-104).

심리학과 신학의 관계에 대해 사람들이 범하는 두 가지 극단적 실수가 있다. 인본주의 심리학자들은 사람을 이해하고 변화시키는 데 성경도, 하나님도 필요없고 심리학이면 족하다고 주장한다. 반면에 보수를 표방하는 근본주의자들은 우리의 교재는 성경 하나로 족하며 따라서 사회과학은 필요없다고 주장한다. 하나님 말씀에 순종하는 것이 모든 정신적 문제의 해답이며, 죄를 회개하는 것이 치유의 열쇠라는 주장이다.

그러나 콜린스(Gary Collins), 클라인벨(Howard Clinebell), 크랩(Larry Crabb), 커완(William Kirwan), 맥레모어(Clinton McLemore), 마이어(Paul Meier), 펙(Scott Peck, 1991)과 같은 통합주의자들은 신학과 심리학의 관계를 원수관계가 아닌 친구관계로 본다. 창조적 종합(creative synthesis), 또는 이론적 절충(theoretical eclecticism)은 "발견된 출처와 관계없이 모든 진리에 대하여 열려 있으며, 인간경험의 전체성을 망라하며, 인간 본성에 대하여 공평한 태도를 취하는 입장이다"(Allport, 1968, p. 406).

"내담자의 독특한 필요들과 생활상의 제반문제에 대하여 열려 있고, 종합적이며, 융통성이 있고, 참으로 반응적인 심리치료를 위해 절충은 필수적이다"(Smith, 1990). 기독교와 심리학의 관계는 갈등과 긴장관계가 아닌 보완적이고 협조적이고 조화적인 관계일 수 있다. 모든 계시된 진리와 발견된 진리는 하나님께로부터 연유한 것이기 때문이다. 성경의 계시된 진리와 사회과학의 발견된 진리 사이에 갈등이 존재할 때 발견된 진리가 계시된 진리의 권위와 척도를 따라야 함은 두말할 나위가 없다.

하나님은 모든 진리의 원천이 되신다

우리 그리스도인은 창조주 하나님께서 모든 진리의 원천이 되신다고 믿는다. 모든 진리는 하나님의 진리이다. 성경은 인간을 위한 하나님의 직접적이고 권위있는 계시이지만, 인간의 행동과 심리과정을 설명하는 심리학 교과서는 아니다. 성경은 과학적 인류학이 인간에 대해 연구한 것과 맞먹는 인간에 대한 과학적 가르침, 즉 체계적 인간론을 제시하지 않는다. 그러나 하나님은 과학의 발견을 통해 인간이 자신과 세계에 대해 많은 것을 발견할 수 있도록 허락하셨다.

하나님은 세상을 사랑하셔서 두 권의 "책" 즉, 자연(창조된 피조세계와 문화)과 성경을 우리에게 주셨다. 하나님은 특별계시와 일반계시를 통하여 우리에게 말씀하신다(시 8:19). 하나님은 악인과 선인에게 똑같이 비를 내리시듯이 자연과학과 사회과학을 통해 피조세계를 폭넓게 이해할 수 있도록 허락하셨다. 기독교 상담자들은 성서해석학적으로 다음과 같은 전제를 지지한다.

(1) 하나님께서 창조주이시기 때문에, 특별계시로 말미암은 지식(성경이 말하는 바)과 일반계시(창조된 자연이 말하는 바) 사이에 궁극적으로 어떠한 갈등이 있을 수 없다고 믿는다.

(2) "성경은 인간의 심장(마음)을 향해 말씀하신 하나님의 말씀이다." 특별계시는 특별하다. 그래서 칼빈은 죄가 하나님의 창조물에 대한 우리의 시각을 왜곡했지만, 성경은 하나님

의 창조에 대한 우리의 시각을 바로잡아 줄 수 있는 거울이라고 제안했던 것이다.

(3) 성경은 우선적으로 일정한 시대에, 특정한 문화 속에 살던 사람들에게 그들의 질문에 답하고 그들의 욕구를 충족시키기 위해 쓰여진 역사적인 책이다. 따라서 우리를 향한 성경의 메시지는 그 역사적, 문화적 맥락을 이해하지 않고는 제대로 이해될 수 없다.

(4) 성경은 저자의 의도와 의미에 비추어서, 그리고 성경 계시의 전체성에 비추어서 이해되어야 한다.

우리는 사람을 이해하고 돕는 사역에 하나님의 "계시된 진리"(disclosed truth: 연역적인 진리)와 사회과학을 통해 "발견된 진리"(discovered truth: 귀납적인 진리)가 모두 필요함을 인정한다.

"기독교 심리학자는 하나님의 계시와 과학의 참된 사실 사이에 모순이 있을 수 없다고 믿는다. 심리학은 교회지도자가 성령의 인도하심을 구하는 가운데 그의 사역에 사용할 수 있는 가치있는 도구이다"(Collins, 1973, p. 146).

심리학이 발견된 진리로서 우리의 현상과 문제를 설명하고 진단하는 데 도움을 준다면, 하나님의 말씀과 성령은 문제의 해답을 제시한다고 말할 수 있을 것이다(Bobgans, 1979). 심리학은 사람의 문제를 이해하는 데 많은 도움을 주지만, 하나님의 진리는 해결책을 제시한다고 믿는 것이 복음주의적 상담 심리학자들의 입장이다.

어떻게 사람을 변화시킬 수 있는가?

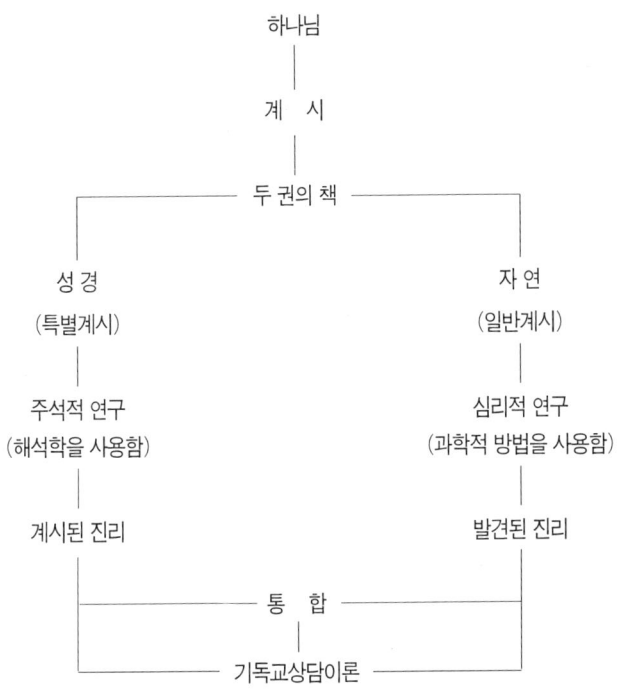

    이와 같은 이론적 배경에서 기독교 신학과 심리학의 통합을 통해 1920년대 후에 발전한 것이 목회심리학(pastoral psychology) 또는 기독교상담학(Christian counseling psychology)이다. 콜린스(Collins, 1989)는 목회심리학을 "심리적 연구와 통찰을 검토하고 이를 신학 및 성서적 관점에서 평가해 이 통합된 진리가 목사와 교회지도자들의 사역에 어떻게 적용될 수 있는가를 결정하려고 시도하는 학문분야"라고 정의하고 있다.
    기독교상담 또는 통합적 상담이란 "성서적인 진리를 이

와 상응하는 (다양한 이론적 배경에서 끌어낸) 심리학적 개념과 원리 및 방법과 연합시킨 종합적이고 다차원적인 접근이다"(Smith, 1990).

우리나라에서도 1960년대 이후에 여러 신학교 교육과정에 목회상담, 종교심리, 교육심리, 상담심리, 정신위생과 같은 과목을 포함시키고 있다. 통합주의적 관점에서 이루어진 기독교상담학이 한국에 소개되기 시작한 것은 1980년 11월 게리 콜린스 박사가 내한하여 "목회상담세미나"를 인도하면서부터였다고 할 수 있다.

그리스도인이 왜 심리학을 연구해야 하는가?

심리학의 여러 발견과 통찰은 교회사역에 직접 적용시킬 수 있는 것이 많다. 심리학은 사회학, 인류학 등 다른 사회과학 분야와 함께 일반계시에 속하는 학문분야로서 사람들을 이해하고 진단하는 데 많은 유익을 준다. 따라서 복음주의 상담학자인 게리 콜린스는 기독교 지도자와 목회자 및 신학생들이 심리학의 방법과 결론을 친숙히 이해함으로 다음과 같은 유익을 얻을 수 있다고 말하고 있다.

(1) 심리학을 통해 우리는 자신을 보다 잘 이해할 수 있다.

예수님은 자신의 흠보다 남의 약점을 분석하기가 더 쉽다(마 7:3-5)고 말씀하셨는데, 상담심리를 통해 우리는 스스로의 편견과 감정, 생각, 개인적 특징을 더 잘 이해하게 되고 이는 대인관계를 원활하게 하는 데 도움을 준다.

(2) 다른 사람을 더 잘 이해할 수 있게 된다.

인간행동을 연구하는 심리학을 통해 우리는 다른 사람을 보다 객관적으로 관찰하고 남의 반응에 더 민감할 수 있다.

(3) 상담의 효과와 대인관계를 향상시킨다.

상담기술과 대화기술이 우리의 인간관계를 향상시키는 역할을 하고 공동체 형성에 도움을 준다.

(4) 문제 예방에 기여한다.

심리학에 대한 지식은 이미 발생한 문제를 해결하는 데 도움을 주기도 하지만, 문제가 더 악화되는 것을 막거나 예방할 수 있다. 부모역할 교육이나 부부역할 교육은 결혼과 가정생활에서 발생할 수 있는 문제를 예방하는 데 기여할 수도 있다.

(5) 교회사역의 효율을 증대시킬 수 있다.

학습과 의사소통, 설득 등에 관한 심리연구결과가 지상명령 수행에 직결된다. 태도형성과 변화, 동기, 지도력, 정서적 반응, 집단심리 등은 교회나 학교사역에 적용될 수 있는 것이다.

(6) 기독교 신앙을 무신론자들이나 이단의 공격으로부터 변호하는 데 기여한다.

심리학자들은 전도, 신유, 방언, 기적, 귀신활동 등을 공격하기 위해 심리학을 동원하고 있는데, 그들의 주장을 모르면 우리는 우리의 신앙을 제대로 변증할 수 없다.

심리학은 교회지도자들이 성령의 인도를 구하는 가운데 그들의 사역에 사용할 수 있는 가치있는 도구이다. 그러나 우리는 심리학이 교회의 주요 사역처럼 되게 해서는 안된다. 심리학은 기독교교육과 상담 그리고 교회성장을 돕는 가치있는 도구가 된다. 그러나 궁극적으로 우리를 가르치고 인도하고 위로하는 것은 성령 하나님이심을 잊어서는 안된다.

어떻게 사람들을 변화시킬 수 있는가?

우리는 스스로를 이해하고 또 남을 이해하고 변화시키는 사역에 종사하는 그리스도의 제자들이다. 하나님께서 인간을 당신 자신과 관계하고 다른 동료 인간과 교제하도록 창조하셨다. 인간은 근본적으로 관계적이고 사교적인 존재로 지음을 받았다.

그러나 타락한 이래로 하나님과 우리의 관계는 정상이 아니고 타인과의 관계도 소외되어 있다. "죄는 분리시키고 소외시킨다. 죄는 사람들로 하여금 피차 숨도록 만들고 핑계를 대게 한다"(Howard, p. 27). 인간은 공통적으로 불안과 죄책감, 열등감, 외로움, 분노 그리고 우울증의 문제로 고통스러워하고 있다.

인간과 인간행동의 성격은 무엇인가? 생활상에 발생하는 문제의 원인은 무엇이며 우리는 병인을 어떻게 진단할 수 있는가? 치료의 바람직한 목표는 무엇인가? 적절한 치료과정과 방법은 어떤 것인가? 다시 말해서 사람을 이해하고 도와줄 목적으로 상담심리학자들은 3가지 질문에 대답하려고 시도한다.

어떻게 사람을 변화시킬 수 있는가?

우리 인간은 어떤 존재인가? 왜 우리에겐 그렇게 문제가 많으며 인간의 문제의 성격은 어떤 것인가? 그리고 문제의 해답은 무엇인가? 사람과 문제와 해답이 우리의 관심사이다. 우리에겐 삶을 대처하며 모든 자료를 정리하고 처리할 때 우리 생각을 유도할 사고의 모델이 필요하다. 즉, 상담이론이 필요하다. 이에 대한 나의 입장을 요약하면 다음과 같다.

1. 사람을 이해하는 데는 여러 가지 다른 접근이 있다.
2. 우리 각자는 사람을 이해하고 돕는 사역인 상담이라는 이 주제에 대해 각자 나름대로 견해를 갖고 있다.
3. 어느 견해를 받아들이든 우리의 인간관은 사람과 삶을 상대하는 방법에 영향을 미친다.
4. 모든 접근이 다 옳을 수는 없다. 많은 관점이 서로 모순적이다. 그러므로 어떤 견해는 잘못되어 있다.
5. 만일 인격적인 하나님이 이 모든 생명과 피조세계의 배후에 있다면 사람과 문제와 해결책을 바로 이해하는 것이 가능할 것이다.

기독교적 인간관

기독교 상담자는 인간을 인격적인 하나님의 독특한 피조물로 본다. 하나님의 형상을 닮은 인간은 마음(*nous*, reason or objective mind)과 혼(*psyche* or subjective mind)과 영(*pneuma* or spirit)과 몸(*soma* or body)의 연합체이다. 콧테스키(Koteskey, 1980)는 기독교적 인간관(Person in a Judeo-Christian World

View)을 다음과 같이 간결하게 요약한 적이 있다. "인간은 하나님의 형상대로 창조된 영과 물질의 통합된 연합체이다. 그들은 하나님과 인격적인 교통과 교제를 할 수 있는 합리적인 존재이다"(p. 17).

신체적으로 인간은 본질적으로 동물과 다를 것이 없다. 생리적 기능면에서 인간은 본질적으로 자연과 하나이다. 보다 고차원적인 정신기능과 영적 차원을 살펴보면, 인간에게만 있는 독특한 현상을 관찰하게 된다. 하나님이 남녀를 창조하실 때, 비록 제한적이긴 하지만, 지능과 능력, 의지, 창의력, 고상함, 자유, 영원성, 초월성, 도덕적 선, 교제능력, 그리고 인격과 같은 속성을 부여하셨다. 하나님은 인간에게 계획하고 결정하고, 행동할 수 있는 자유와 능력을 주셨다(Smith, 1990, p. 46).

상담학의 역사

형식적이며 체계적인 행습으로서의 상담과 심리치료가 시작된 것은 1800년대 후반과 1900년대 초이다. 사람들은 이때부터 성격이론과 성격상의 문제를 치료하는 데 집중적인 관심을 기울이기 시작했기 때문이다. 현대적 의미에서의 상담은 시그문드 프로이드(Sigmund Freud: 1856-1939)의 정신분석심리학에서 시작되었다고 할 수 있다. 1902년 프로이드는 성격이론과 치료를 논의하기 위해 몇 명의 동료의사들을 비엔나로 초청하였다. 그들 가운데는 애들러(Alfred Adler), 융(Carl Jung), 랭크(Otto Rank), 라이히(Wilhelm Reich)와 같은 독창적인 사상가들이 포함되어 있었다. 이들은 얼마되지 않아 프로이드와 결별하고 각자 독자적인 이론을 발전시켜 신프로이드 학파를 형성하였다.

세계2차대전 이전까지 상담과 심리치료는 주로 정신분석학적 접근에 국한되었다. 1940년대 말까지의 상담은 주로 정신분석적이거나 지시적인 모델을 따랐다. 1950년대에 들어서면서 칼 로저스(Carl Rogers)는 그의 비지시적, 내담자중심상담 또는 인간중심상담을 통해 상담과 심리치료분야에 혁명을 일으켰다. 거의 같은 무렵에 행동주의상담이 아이센크(Eysenck)와 스키너(Skinner), 울프(Wolpe) 등의 영향 아래 새로운 상담 대안으로 등장하기 시작했다.

1950년대와 1960년대는 상담이론이 숫자적으로 급격한 성장을 보인 시기이다. 대부분의 상담이론은 인간의 가능성(잠재력)과 자유와 자아실현을 강조한 "제3세력 심리학"에서 파생되었다. 로저스의 인간중심상담 외에 크게 부각된 이론은 형태주의요법(Gestalt therapy)과 교류분석심리학(Transactional Analysis)이었다.

1950년대 중반까지는 개인상담이 주류를 이루었으나 이때부터 집단상담 접근이 부각되기 시작했다. 감수성 훈련이나 참 만남집단 같은 체험적 과정을 중시 여기는 접근이 널리 확산되었다. 심리역동적 집단상담이 주요 상담접근으로 정착되었다.

1950년대와 1960년대에 나단 액커만(Nathan Ackerman)

과 돈 잭슨(Don Jackson)이 가족관계의 역동을 강조하면서 가족상담과 결혼상담에 대한 관심이 급증하기 시작했다. 사티어(Virginia Satir)의 의사소통 가족치료이론과 보웬(Murray Bowen)의 체계적 모델에 근거한 가족치료이론이 그 영향력을 확대시켜 나가고 있다.

1970년대와 1980년대는 인지행동적 상담과 일반적 체계이론, 건강심리학, 결혼상담과 가족상담이 꾸준히 발전한 시기이다. 특별히 가족체계이론과 인지행동적 상담이 관심과 영향력면에서 가장 두드러진 상담이론으로 부각되고 있다.

상담이론의 종합

상담학자들의 의견에 의하면, 현재 세상에는 250가지가 넘는 상담이론이 나와 있다고 한다. 지금까지 소개되어 있는 기독교적 상담이론만 해도 20여 가지가 넘는다(Collins, 1984). 크랩(Lawrence Crabb, 1988)의 연구결과에 의하면, 세상에 나와 있는 수많은 기독교 상담이론은 세 가지 기본 모델로 압축될 수 있다고 한다. 여러 목회상담자들이 사람을 이해하고 상담하는 데 도움이 될 것 같아 세 가지 모델을 여기에 소개한다.

	문제	해답
도덕적 모델	죄 / 무책임	회개 / 행동수정 및 변화
심리역동적 모델	병 / 혼돈	진단 / 치료
관계적 모델	외로움 / 소외감	긍정 / 자기표현

어떻게 사람을 변화시킬 수 있는가?

1. 도덕적 접근(moral approach): 일반 목회자들이 많이 사용하는 모델로서 영적 접근이라 부를 수도 있다. 도덕적 접근을 하는 분들은 대개 선지자적이고 권면적이며 지시적인 상담을 추구한다고 할 수 있다. 이러한 접근을 하는 분들은 인간의 문제를 죄(sin)라고 본다. 완악하고, 교만하며, 자신의 삶에 책임을 지지 않고, 하나님의 계명을 어기고 사는 것이 문제라고 보는 것이다. 인간의 근본 문제는 인간이 혼돈되어 있다기보다는 완악하다는 데 있다고 규정한다. 이러한 접근을 하는 아담스(Jay Adams) 목사나 솔로몬(Charles Solomon) 같은 분들은 죄를 회개하고 의지적인 결단에 의해 문제행동을 제거하거나 바꾸는 것이 문제의 해결책이라고 말한다. 즉, 행동수정을 상담의 목표로 삼는다. 따라서 이들은 의지적인 행동을 강조하며, 행동 뒤의 동기에 대해서는 별 관심을 기울이지 않는다.

분노의 감정을 주체하지 못하고 툭하면 폭발적으로 화를 내고 부인을 구타하는 남편은 회개하고 그 폭행을 중단하라는 것이고, 술담배에 중독된 사람은 그것이 하나님의 성전을 더럽히는 죄가 되므로 술담배를 끊으라는 것이다. 시어머니가 미운 며느리는 그 죄를 회개하고 사랑하는 마음을 달라고 하나님께 기도하라는 것이다.

2. 심리역동적 접근(psychodynamic approach): 의료적 접근 또는 정신역동적 접근이라고도 부른다. 이는 상호 작용적인 접근이며 진정한 의미에서의 목회적-대화식 상담이라고 할 수 있다.

"20세기 기독교가 가장 사랑한 상담자"라고 일컬어지고 있는 투르니에(Paul Tournier)의 접근이며, 기독교와 심리학의 통합을 제창하고 있는 콜린스(Gary Collins)나 돕슨(James Dobson), 그리고 크랩(Lawrence Crabb) 같은 심리학자들, 찰스 셀(Charles Sell), 시맨즈(David Seamands), 존 포웰(John Powell) 그리고 우리나라에서는 서울의 백병원 최영민 신경정신과 과장, 연세대 세브란스 병원의 이만홍 교수 같은 정신과 의사들의 상담이론이 여기에 해당한다고 할 수 있다.

이들의 공통점은 인간의 근본문제를 병(disease)으로 규정한다는 것이다. 사람은 내적 심리과정에 의해 통제받는다고 믿는 것이다. 문제행동의 뿌리는 과거, 어린시절에 잠재해 있다. 인간의 문제를 심리적인 병의 징후로 봄으로, 의학적 모델이라 부르기도 한다. 이 접근을 하는 이들은 뿌리가 노출되는 것만큼 현재의 문제를 다룰 수 있는 자유함이 생긴다고 믿고 있다. 정확한 진단은 문제의 반을 해결한 것이나 같다는 말이 여기에 적용될 수 있을 것이다.

인간이 완악한 것이 문제라기보다는 혼돈되어 있는 것이 문제라고 보는 것이다. 인간은 자기가 선택한 행동에 대해 책임을 져야 하는 죄인(sinner)이지만, 동시에 그는 타락한 인간과 환경의 피해를 입은 피해자이며 희생자(victim)이기도 하다.

문둥병이나 중풍병이나 심장병, 위궤양, 고혈압이 치료해야 할 신체적 질병이듯이 대인공포증, 완벽주의, 불면증, 우울증, 의부증, 의처증, 알코올중독과 같은 증세는 죄라기보다는

어떻게 사람을 변화시킬 수 있는가?
·
48

치료해야 할 병이라는 것이다.

이러한 접근을 하는 상담자들은 심리치료적인 접근을 하기 때문에, 내담자의 과거와 어린시절에 관심을 갖고 문제행동의 원인을 진단한다. 심리학자들은 한결같이 성격의 기본구조가 여섯 살 이전에 형성된다고 말하는데 성인이 다 된 집사님이 습관적으로 화를 내 주변식구들을 공포에 떨게 한다든가, 교회 제직회에서 장로, 집사님들이 교회를 사랑해서 어떤 건의를 할 때 목사님이 이를 영적 권위에 도전하는 것으로 해석한다든가, 어떤 목회자가 내부적인 갈등과 스트레스를 견디다 못해 아내 몰래 술을 마신다든가, 성가대 지휘자가 성가대원들과 습관적으로 음행을 일삼는 것은 어린시절의 성장과정에서 중요한 타인으로부터 심한 상처를 받았거나 기본적인 소속감의 욕구가 충족되지 않은 것이 문제의 원인이라고 보는 것이다. 현재의 문제행동과 어린시절의 충격적인 경험 사이에는 역동적인 관계가 있다는 것이다.

따라서 이러한 접근을 하는 이들은 상호관계적인 대화를 통해 문제원인을 진단하고 병인을 치료하는 데 관심을 쏟는 것이 특징이다. 본인이 고통하고 있으나 왜 아픈지 모르고 있으니 상담적 대화를 통해서 병의 원인을 진단해서 치유받도록 도와주자는 것이다.

3. 관계적 접근(relational approach): 허용적 비지시적 상담 또는 제사장적 고백적 상담이라고 부르기도 한다. 이러한 접근을 하는 상담자들은 대부분 인본주의 심리학이나 실존주의 상

담이론의 영향을 받은 분들로서 인간문제에 대해 현상학적인 접근을 하는 것이 특징인데, 여기서는 사람의 문제를 소외감과 외로움으로 본다. 투르니에(Paul Tournier)나 로저스(Carl Rogers), 그리고 우리나라의 전 국제대학 한승호 목사님이나 연세대학교의 연문희 교수 같은 분의 상담접근이 여기에 해당한다고 하겠다.

이들의 주요 관심사는 만족스럽지 않은 관계이다. 우리는 사랑하고 사랑받고 싶은 소속감의 욕구, 즉 관계하며 사랑을 주고 받고 싶은 존재로 창조되었다. 그런데 아담이 범죄한 이래 우리는 하나님은 물론 다른 사람과의 관계에서도 소외감을 느끼는 존재가 되었다. 친근한 관계에서 상처와 좌절감을 주고 받는다. 그래서 관계적 접근을 하는 분들은 고독과 부족감이 문제이기 때문에 내담자를 따뜻하게 용납하고 긍정하고 사랑해 주어야 한다고 말한다.

사람을 무조건적으로 존중해, 억압된 감정이나 마음의 고민을 두려움없이 털어놓도록 온정을 갖고 대해 주어야 소외감의 문제가 해결된다고 보는 것이다. 이러한 접근을 하는 분들은 상담자의 순수함과 온화함과 공감적인 이해, 즉 자신의 연약함과 허물을 드러낼 수 있는 용기, 내담자와 함께 즐거워하고 함께 아파할 수 있는 능력을 높이 평가한다.

이를 도표로 종합하면 다음과 같다. '+'는 내담자의 인격에서 그 측면을 강조한다는 뜻이고 '-'는 거기에 해당하는 측면이 강조되지 않는다는 뜻이다.

어떻게 사람을 변화시킬 수 있는가?

	인격적	합리적	의지적	감정적
역동적	-	+	-	+
도덕적	-	+	+	-
관계적	+	-	-	+

하나님의 형상을 지닌 우리 인간은 타락한 부패성(depravity)과 하나님의 형상을 닮은 존엄성(dignity)을 함께 지니고 있다. 우리는 하나님처럼 인격적인 것을 애타게 추구하는 동경심(호 11:8; 시 42:1; 63:1), 일어나는 일을 합리적으로 평가하는 능력(롬 12:2; 빌 4:8), 선택된 방향을 의지적으로 추구하는 능력(빌 2:13; 4:9), 그리고 자기의 세계를 감정적으로 경험할 수 있는 능력(느 1:4; 요 2:14-17; 11:33-36; 고후 4:8; 히 13:21)을 지니고 있다.

세속적 상담자들 중 생각, 감정, 의지 3가지 분야를 다같이 강조하는 이는 별로 없다. 그런데 성경을 살펴보면, 감정, 생각, 행동이 똑같이 중요하게 다루어지고 있다(빌 4:5-9을 참고하라). 이와 같이 전인격을 변화시키는 데 초점을 맞추고 있는 상담이 기독교상담이다.

성서적인 접근? 여러분은 영적, 도덕적 접근과 심리역동적 접근, 그리고 관계적 접근 중 어느 것이 가장 타당하고 효과적이며 성서적인 접근이라고 생각하는가? 사람을 이해하고 사랑으로 변화시킨다는 것은 무엇보다 어렵고 복잡한 과업이다. "인간의 근본적인 문제는 죄에 있다. 하나님의 도덕적인 법칙을 어기고 하나님 없이 스스로 자신의 욕구를 충족시키려 시도하는 데에 인간의 정신적·정서적 문제가 기인한다. 그러나 모든 정서적 갈등이나 고민이 죄에 연유하는 것은 아니다. 어떠한 고민은 하나님께서 그의 자녀를 그리스도의 형상을 닮도록 변화시키시는 과정일 수도 있기 때문이다"(Tan, 1991, p. 35).

그러면 우리는 어떻게 내담자를 접근해야 하는가? 간단히 도식화해서 말할 수는 없지만, 짧은 상담경험을 통해 내가 내린 결론은, 우리가 문제를 안고 찾아오는 내담자를 대할 때, 먼저 관계적 접근을 통해 내담자를 긍정적으로 배려해 그와 친화감을 형성하고, 두번째로 심리역동적 대화로 그의 문제 원인을 진단해 통찰을 얻게 한 후, 마지막으로 도덕적 접근을 통해 스스로 회개케 하여 변화와 치유를 경험하게 해야 한다고 믿는다.

효과적인 상담을 위한 인간의 기본 욕구에 대한 이해

인간의 모든 행동은 선택된 목표를 향해 움직이고 있다. 즉 욕구를 충족시켜 만족을 추구하는 것이 우리 인간이다. 학자들은 사람의 기본적 욕구(필요)를 여러 가지로 분류해 설명했다. 예를 들어, 매슬로우(Maslow)는 그의 인간욕구 피라미드에서 생리적 욕구, 안전욕구, 소속감과 사랑(사랑과 관계) 욕구, 자존감 욕구, 자아실현 욕구를 열거했다.

미국 서남 침례신학대학 교수 딜로스 마일스(Delos Miles,

1989)는 생리적 욕구에 음식, 물, 휴식, 치유의 욕구를 포함시켰고, 안전욕구에 거처, 평화, 보호, 일, 돈에 대한 욕구를, 사랑과 관계 욕구에 사랑, 소속감, 가정, 친구, 장소감각의 욕구를, 자존감 욕구에 인간의 존엄성, 존경, 지위, 인정, 쓸모있다고 느끼고 싶은 욕구를, 그리고 자아실현 욕구에 성공, 자신의 잠재력 실현, 의미, 아름다움, 소망, 진리에의 욕구를 포함시켜 설명하고 있다. 사람에게는 또한 삶의 의미와 목적을 추구하는 철학적-영적 욕구가 있다.

현실요법(Reality Therapy)의 주장자 글래서(William Glasser, 1983, pp. 5-18)는 생존 및 재생산 욕구, 소속감(사랑, 공유, 협동)욕구, 지배욕구, 자유욕구, 그리고 흥미욕구를 제시했다. 한편 프로이드는 쾌락욕구를, 의미요법을 제창한 프랭클(Viktor Frankl)은 의미추구욕구를, 사회적 관심을 강조한 알프레드 애들러(Alfred Adler)는 열등감을 극복해 타인을 지배하고픈 권력욕구를 각각 부각시켰다. 크리스찬 심리학자 그라운즈(Grounds, 1976)는 신학과 심리학이 공감하는 인간의 기본욕구를 다음과 같이 7가지로 집약했다.

1. 의미
2. 용서
3. (상황적 두려움, 신경증적 불안, 실존적 불안에 직면할) 용기
4. 사랑
5. 공동체

6. 적응력
7. 희망

기독교상담심리학자 크랩(Crabb, 1988)은 인간의 기본욕구를 요약해 하나님께서 인간에게 안정감 욕구(need for security)와 존중감 욕구(need for significance)를 주셨다고 설명했다. 크랩은 그의 최근 저서에서 인간의 기본욕구를 관계에 대한 갈증욕구(longings for relationship)와 영향을 미치고 싶은 갈망(longings for impact)이라는 말로 표현하고 있다.

> 우리는 개인적 만족을 위해 갈증을 느끼는 인격적 존재다. 우리 영혼은 사랑하는 관계와 의미 있고 보람있는 영향력을 행사하기를 갈급해 하고 있다. "관계를 맺고 싶어하고 영향을 미치기 원하는 것은 인간의 합당한 갈증이다. 그리스도인은 하나님께 순종하기를 갈망한다. 순종이 친밀한 관계를 위한 조건이기 때문이다. 우리는 남에게 봉사하고 이웃을 섬기기를 갈망한다. 우리는 남의 삶에 나를 투자할 때 보람과 흐뭇함을 느낀다. 봉사와 사역은 영향을 미치고 싶은 우리의 갈증을 채워준다"(p. 116).

한편 윌리암 커완(William Kirwan, 1984)이라는 크리스찬 심리학자는 아담의 범죄 후 인간이 경험하고 있는 공통된 욕구를 소속감, 자존감, 지배욕구로 요약해서 설명했다(pp. 73-115).

기본적 욕구들이 충족되지 않으면, 사람들은 부적응과 불행의 징후를 나타내게 되고 아픔이 견디기 어려우면 상담자를 찾게 된다. 이때 상담자는 만족스럽게 충족되지 않고 있는 욕구를 식별해 내야 한다. 상담자와 내담자는 대화를 통해 그의 충족되지 않은 욕구를 채울 수 있는 기술을 계발하고 습득하도록 도와주어야 한다. 이와 같이 사람을 있는 그대로 수용하고 이해해서, 내면세계의 감정과 생각에 변화를 일으킴으로 외부세계에 대한 행동 및 생활의 변화를 유도하는 것이 "사람을 변화시키는 사역에 종사하는 사람들의 사명"이라고 생각한다.

기독교상담의 특성

우리는 지금까지 사람을 변화시키기 위하여 상담자들이 사용하는 여러 가지 상담이론을 생각해 보았다. 상담이란 무엇인가? 기독교상담은 무엇을 목표로 하는가? 그리고 기독교상담은 일반 상담에 비해 무엇이 다른가?

상담의 정의

상담이라는 말은 생활지도, 심리치료, 또는 정신치료라는 말과 혼용되기도 한다. 상담이 수단과 방법이라면, 치료는 결과와 목적이라고 이해하는 것이 좋겠다. 상담은 본질적으로 "한 사람이 돌봄의 관계 속에서 다른 사람을 돕는 것"이다. 상담은 상담자가 도움을 구하는 내담자와의 돌봄의 관계 속에서 경청과 반응을 통해 변화를 일으키려는 과정이다.

다시 말해 상담은 "돌봄의 관계 속에서 다른 사람의 존재의 어떤 또는 (정서적, 의지적, 태도적, 합리적, 심리적, 영적 등) 모든 측면에서 도움을 제공하려는 활동이다"(that activity which aims to help others in any or all aspects of their being within a caring relationship: Hurding, 1985, p. 26).

"상담은 한 사람이 조언이나 격려를 통해 인생의 문제와 스트레스를 보다 효과적으로 대처하도록 다른 사람을 도와주려고 노력하는 하나의 돌보는 관계"(Collins, 1986)이다. 다시 말해서 상담이란 도움을 필요로 하는 사람이 상담자와의 관계 속에서 스스로의 문제를 해결하고 인격이나 행동의 변화를 위해 노력하는 과정이라고 할 수 있다. 직업적으로 상담을 하는 조력자들 가운데는 정신과의사, 심리학자, 상담자, 정신간호사, 사회사업가, 목회상담자 등이 있다.

성경은 상담을 덕을 세우는 일과 권면하고 격려하는 일로 설명하고 있다. 바울이 언급한 권위하는 일과 긍휼을 베푸는 일(롬 12:8)이 상담에 해당한다고 할 수 있다. 바나바와 안드레는 상담에 특별한 은사를 받았던 성경의 인물들이다. 성경은 우리에게 "짐을 서로 지라"(갈 6:2), "연약한 자의 약점을 담당하라"(롬 15:1)고 권면하고 있다. 바울은 또 "규모없는 자들을 권계하며 마음이 약한 자들을 안위하고 힘이 없는 자들을 붙들어주며 모든 사람을 대하여 오래 참으라"(살전 5:14)고 권면하고 있다.

상담의 종류

상담의 역사는 인간의 역사만큼이나 오래되었다. 따라서 문제유형이나 상담자의 접근에 따라 다양한 형태의 상담이 시도되었다. 교회에서 관심을 가져야 할 상담의 유형에는 다음과 같은 것들이 있다.

1. 전문상담(professional counseling). 우리나라에는 서서히 보급되고 있는 형태의 상담으로, 전문적인 상담자 훈련을 받은 이들이 상담료를 받고 하는 상담이다. 흔히 임상심리, 상담심리 석사나 박사과정 이상의 학위를 가진 사람들이 하는 상담이 여기에 해당한다고 하겠다. 일반 병원의 신경정신과 전문의가 하는 상담은 대표적인 전문상담이 될 것이다.

2. 평신도상담(peer counseling). 전문 훈련을 받지 않았으니 친구간에 또는 교회 평신도 사이에 이루어지는 상담이 여기에 해당한다고 할 수 있다. 성경은 "너희가 짐을 서로 지라"(갈 6:2)고 권면하고 있는데, 교회 구역원들끼리의 상담이나 기숙사 친구들끼리 마음의 짐을 나누는 것이 여기에 해당한다고 하겠다. 크랩(Crabb)은 이것을 지역교회의 모든 사람이 할 수 있는 형태의 상담으로 격려상담이라고 불렀다.

3. 목회상담(pastoral counseling). 목회자가 목양적 차원에서 성도들을 돌아보는 상담이다. 목회적 돌봄의 한 부분으로 목사는 심방을 통하여 또는 전화나 면담을 통하여 양들을 돌아보는 차원에서 사람들의 아픔을 치료하고 갈 길을 인도하는 상담을 제공할 수 있다. 목회자가 상담을 회피하는 방법은 없다. 다만 현대의 목회자들에게는 효과적인 상담과 비효과적인 상담 중 하나를 선택하는 길이 열려 있을 뿐이다.

4. 대중상담(public counseling). 설교나 대중연설을 통해서

이루어지는 상담이다. 1세기 전 조셉 파커는 "고통하는 사람들에게 설교하라. 교회 의자 하나 하나에는 부서진 마음이 앉아 있다"고 했다. 설교는 집단적인 규모로 개인을 상담하는 것이다. 설교는 사람들의 정신건강과 영적인 건강에 매우 가치있는 기회를 제공한다. 효과적인 상담은 여러 사람을 한꺼번에 도와줄 수 있다. KBS의 "아침마당," MBC의 "열린 아침," 그리고 라디오 상담과 같은 대중매체를 통한 대담프로그램도 현대에 널리 활용되고 있는 대중상담의 한 유형이라 할 수 있다.

5. 예방상담(preventive counseling). 문제를 예방하거나 문제가 악화되는 것을 막기 위해서 하는 모든 형태의 상담을 말한다. 예방에는 개입과 교육의 두 가지 목표가 있다. 예방적 개입은 문제가 일어나기 전에 문제를 예상하고 잘못되지 않도록 막기 위해 우리가 할 수 있는 일을 하는 것이다. 예방적 교육은 저항할 수 없는 난관을 예상하고 극복하며 피할 수 있도록 살아가는 법을 가르치는 것이다. 결혼전 예비교육, 목회자의 스트레스와 탈진, 마약 및 알코올에 대한 교육, 이단의식화 교육 같은 것은 예방교육의 좋은 예이다.

6. 독서상담(bibliotherapy). 독서요법이라고 하는 이 접근은 성경이나 정신건강 및 가정생활에 대한 책을 읽게 함으로 위로와 격려 그리고 삶의 지혜를 제공하는 상담이다. 가장 오래된 역사를 지닌 상담의 유형이라 하겠다. 목회자는 우울증, 부부싸움, 성생활, 자녀교육 등에 대한 양서를 내담자에게 권함으로써 효과적인 도움을 제공할 수가 있다. 교육수준이 높은

우리나라와 같은 문화권에서 널리 활용돼야 할 상담접근이다.

7. 자가상담(self-help). 책이나 테이프, 비디오를 통해서 스스로 자신의 문제를 진단하고 해결책을 찾을 수 있도록 유도하는 상담이다. 두려움과 염려제거, 자기확신 구축, 스트레스 제어, 시간관리, 자기주장계발, 수치심과 낮은 자존감의 극복을 주제로 하는 자가상담교재가 널리 보급되고 있다. 많은 사람들은 다른 사람의 글과 녹음된 이야기를 통해 도움을 얻는다. 목회자나 상담자, 정신과의사의 설교나 강의 테이프가 갖가지 문제로 고통하는 현대인에게 실제적 도움을 줄 수 있는 것이다.

이외에도 게리 콜린스(Collins, 1995)는 지역사회상담, 환경상담, 단기상담, 타문화상담 등을 현대사회가 활용할 수 있는 창의적인 상담접근으로 소개하고 있다.

상담의 목표

그리스도인 상담자는 불신자를 그리스도의 제자로 만들고 그리스도인을 성숙하도록 돕는 것을 상담의 목표로 한다(Collins, 1983). 로렌스 크랩(Crabb, 1977)은 교회 상황 안에서 우리는 다른 사람을 세 가지 차원에서 도와줄 수 있다고 주장했다. 모든 그리스도인은 문제 감정을 가진 사람을 격려(encouragement)할 책임이 있고, 많은 그리스도인은 문제행동을 나타내는 사람을 도와주도록 권면(exhortation)할 책임이 있으며, 소수의 그리스도인은 문제사고를 하고 있는 사람을 교화(enlightenment)해 줄 책임이 있다고 말한 적이 있다.

"상담의 목적은 당면하고 있는 현재의 문제가 해결되고 부적응의 증상이 해소되도록 돕는 데에만 있지 않다. 보다 중요한 것은 내담자가 자기 자신의 현실적 자아를 긍정적으로 받아들이고, 자율적인 문제해결능력을 획득하며, 보다 수준 높은 문제를 독립적으로 해결해 나갈 수 있는 고차원적인 적응력을 키워주는 데 있다"(정인석, 1991, p. 17).

상담의 목표는 내담자의 문제 성격에 따라 달라질 것이다.

상담의 목표는 사람들을 각자의 생활에서 보다 효과적으로 기능하도록 도와주고, 영적, 심리적, 그리고 인간상호간의 갈등으로부터 자율을 얻도록 도와주고, 자기 자신과 화평한 관계를 누리고 하나님과 더 깊은 영교를 누리도록 도와주며, 타인과 원만한 대인관계를 계발, 유지토록 도와주고, 그리스도 안에서 사람들의 잠재능력을 최대한 발휘하도록 도와주고, 나아가서 예수 그리스도의 제자가 되는 일과 예수 그리스도를 위해 남을 제자로 훈련시키는 일에 적극적으로 참여하도록 돕는 것이다(Collins, 1983, p. 40).

전도와 제자 훈련은 크리스찬 상담자의 궁극적인 목표이지만 기독교상담은 다음과 같은 다른 목표들도 포함하고 있다.

1. 자기 이해를 돕는다. 내담자에게 자신의 내면세계와 주변세계에 무슨 일이 일어나고 있는지 객관적인 시각을 갖도록 도와주는 것이 상담자의 목표 중 하나이다.

2. 의사소통을 돕는다. 부부간의 문제를 비롯한 많은 대인관계상의 문제는 대화의 어려움에 기인한다. 자신의 감정과 생각

과 태도를 정확하고 효과적으로 표현하도록 돕고, 다른 사람의 메시지를 정확하게 듣는 법을 가르쳐 주는 것이 상담의 목표 중 하나다.

3. 학습과 행동의 변화를 돕는다. 우리의 대부분의 행동은 학습된 것이다. 상담은 비효과적인 행동을 제거하고 효과적인 행동을 새로이 학습하도록 돕는다.

4. 자아실현을 돕는다. 사람이 지니고 있는 잠재가능성을 최대한으로 발휘하도록 돕는 것이 상담의 한 목표인데, 그리스도인 상담자는 그리스도 안에서의 성숙을 통한 자아실현을 목표로 하고 있다.

5. 지원해 준다. 이례적인 스트레스나 위기의 기간에 지원과 격려와 짐을 져줌으로 내담자가 정상적인 삶으로 복귀할 수 있도록 도움을 줄 수 있다.

6. 영적 온전함(건강)을 돕는다. 사람들의 영적 욕구를 충족시켜 주고 영적 온전함을 발견하도록 도와주는 것이 크리스찬 상담의 목표 중 하나이다(Clinebell, 1984).

상담은 상담자가 내담자에게 그의 목표를 강요할 때 여간해서 그 효과를 거두기가 힘들다. 상담자와 내담자가 목표설정을 위해 함께 노력하는 것이 더 좋다(Corde & Callanan, 1988, pp. 116-118).

그리스도인의 상담이 비그리스도인의 상담에 비해 독특한 면이 있는가? 많은 사람들은 "상담에 유별나게 기독교적인 것은 없다. 기독교적인 형태의 수술이나 기독교적인 자동차 수

리나 기독교적인 요리가 따로 없는 것처럼 기독교적인 상담이 있을 수 없다"고 말한다. 기독교상담자는 불신자들에 의해 계발되어 사용되고 있는 상담기술을 여러 가지 사용하고 있다. 그러나 기독교상담은 적어도 4가지 면에서 독특한 특성(distinctives)을 지니고 있다(Collins, 1988, p. 17).

독특한 전제들

어떤 상담자도 완전히 가치중립적이지 않고 중립적인 전제를 갖고 있지 않다. 우리의 세계관이 우리의 판단을 좌우한다. 정신분석학자 프롬(Erich Fromm)은 "우리 모두는 우리의 운명에 대해 무관심한 우주 안에 살고 있다"고 했다. 세계관은 사람들이 세계의 구조에 대하여 가지고 있는 기본전제로 구성되어 있다.

따라서 세계관은 앞에서 논의했던 것처럼 궁극적 실재의 성격, 우주의 성격, 인간의 본성, 윤리와 도덕의 기초, 죽음 후의 생명, 인간역사의 의미와 같은 세계와 인생에 대한 기본적인 질문에 대한 답변으로 구성된다. 이러한 전제는 상담방법에 영향을 미친다. 신학에는 불가지론, 무신론, 이신론, 유대기독교적 신론 등 여러 입장이 있지만, 스스로 그리스도인이라 부르는 상담자들은 하나님의 속성과 인간의 본성, 성경의 권위, 죄의 실재, 하나님의 용서, 미래에 대한 소망에 대해 일정한 믿음을 지니고 있다. 그리스도인은 기독교적인 세계관과 전제를 갖고 상담에 임한다.

그리스도인 상담자는 "인간은 하나님의 형상대로 지음받은 영과 물체의 통합된 연합체로서 하나님과 인격적 의사소통과 교제를 나눌 수 있는 합리적 존재라고 믿는다"(Koteskey, 1980).

독특한 목표들

불신자 상담자와 같이 그리스도인도 내담자의 행동과 태도, 가치 및 인식을 변화시키려 한다. 우리의 상담목표에도 자기이해를 돕고, 대화기술을 가르치고, 지원해 주고, 문제해결기술을 가르쳐 주는 것이 포함되어 있다.

그러나 그리스도인 상담자는 한걸음 더 나아가 내담자의 영적인 성장을 자극하려 하고, 죄를 고백하고 하나님의 용서를 경험하도록 격려하고, 그리스도인의 기준과 태도, 가치관, 생활상의 모범을 보이고, 복음을 제시하고 예수 그리스도에게 삶을 의탁하도록 격려하고 기독교적인 가치관을 따라 살도록 도전하려고 노력한다.

독특한 방법들

상담기술은 적어도 4가지 특징을 지닌다. 모든 상담기술은 변화가 가능하다는 믿음을 불러일으키고, 세상에 대한 그릇된 믿음을 시정하고, 사회생활능력을 계발하고, 내담자로 자신을 가치있는 인간으로 수용하도록 도우려 한다. 이러한 목표를 달성하기 위해, 모든 상담자는 그리스도인이건 아니건 간에 경청, 공감, 도전 등의 기술을 사용한다. 그러나 그리스도인은 부도덕적으로 간주되는 상담기술이나 성경의 가르침과 모순되는 기술을 사용하지 않는다. 기도나 성경읽기나 기독교의 진리로 권면하는 것 등은 그리스도인만이 사용할 수 있는 상담방법이며 기술이다.

독특한 상담자 특성들

모든 상담상황에서, 상담자는 적어도 4가지 질문을 물어야 한다. "문제가 무엇인가? 내가 관여해 도울 일인가? 내가 도움을 주기 위해 무엇을 할 수 있을까? 나보다 더 나은 도움을 줄 수 있는 다른 사람은 없는가?(Miller & Jackson, 1985).

그리스도인 상담자는 문제에 대한 이해와 문제에 대한 성서의 가르침에 대한 지식과 상담기술을 지니고 있어야 한다. 최근의 연구에 의하면, 상담기술은 온화함과 섬세함과 이해심과 순수한 관심 그리고 사랑의 태도로 면박할 수 있는 상담자에 의해 사용될 때 그 효력을 발휘하게 된다(Cavanaugh, 1982).

효과적인 상담을 위해서는 이와 같은 인격적 특성과 문제에 대한 폭넓은 지식과 좋은 상담기술이 필요하다. 그리스도인이나 비그리스도인 상담자나 전문상담자들은 특별히 진실된 순수함과 비소유적인 따뜻함과 정확한 공감을 필수적인 삼대특질로 제시하고 있다. 제이 아담스(Adams, 1986)의 말대로, 최선의 의도가 지식과 기술을 대치하지 못한다.

예수님의 상담스타일에 기본이 되는 것은 그의 인격이었

어떻게 사람을 변화시킬 수 있는가?

다. 그는 모든 상담과 교육의 상황에서 절대적으로 정직하셨으며, 깊은 연민의 정을 느끼셨으며, 극히 민감하고 또 영적으로 성숙하셨다. 그리스도인의 상담의 핵심에는 성령의 도우심과 영향이 있다. 성령의 열매로 특징지어지는 그리스도인의 인격은 기독교상담의 고유한 특성 중 하나다.

상담의 기본원리들

(1) 어떤 상담관계에서든지, 상담자의 인격과 가치관, 태도 그리고 신앙이 일차적 중요성을 지닌다(갈 6장). 연구결과에 의하면, 효과적인 상담자들이 성공하는 이유는 그들의 이론적 배경이나 기술 때문이라기보다는 공감적 이해, 온화함(무조건적 긍정적 배려, 무조건적 수용, 존중심), 순수함(일치함) 때문이라는 것이 밝혀지고 있다. 상담자가 내담자와 신뢰하는 관계를 맺는 것이 중요하다. 상담자는 무조건적 수용, 순수함, 공감적 이해 등 치료적 3요소를 통하여 내담자와 비밀을 나눌 수 있는 친화감을 형성해야 한다. 치료의 3요소 외에도, 토마스 오덴(Thomas Oden)은 변화를 일으키기 위한 필요충분조건으로 상담자의 부단한 자기탐색(self-examination)과 유모어 감각(sense of homour)을 포함시켰다.

(2) 상담에는 내담자의 태도와 동기, 그리고 도움받고 싶은 욕구가 또한 중요하다.

(3) 모든 상담에는 내담자의 문제를 객관적으로 설명하고 해결방향을 제시하는 이론 체계가 필요하다. 상담기술은 문제

를 새롭게 이해하는 틀을 제공할 뿐만 아니라 문제에 대처하는 새로운 방법을 가르친다. 모든 상담이론은 내담자의 사고방식을 변화시킨다.

(4) 상담방법은 내담자에게 상담이 효과적이리라는 기대를 불러일으킨다. 기대가 현실화되는 것을 가리켜 스스로 성취되는 예언(자충적 예언: self-fulfilling prophecy)이라고 한다. 상담과정을 통하여 자충적 예언이 이루어지게 마련이다.

(5) 상담은 내담자에게 성공적인 경험을 안겨주어야 한다. "나는 좋아지고 있으며, 나는 자신을 더 잘 이해하게 되었다"고 느끼게 만들어 주어야 한다.

(6) 효과적인 상담에는 여러 가지 상담기술이 필요하다. 주의집중기술, 공감기술, 중지수렴법과 같은 기술은 문제해결을 위해 중요한 도구가 될 수 있다.

나가는 말: 모든 그리스도인은 상담자로 부름을 받았다

예수님은 모든 도시와 마을을 두루 다니시며 여러 회당에서 가르치시고 하나님 나라의 기쁜 소식을 전파하시고 모든 병과 모든 약한 것을 고쳐주셨다(마 9:36)고 마태는 기록하고 있고, 바울은 "우리가 그리스도를 전파하며 온갖 지혜로 모든 사람을 권면하고 가르치는 것은 그들을 그리스도 안에서 온전한 사람으로 세우기 위한 것"(골 1:28)이라고 썼다. 예수님도, 바울도 3가지 사역을 동시에 하셨음을 볼 수 있다. 복음을 전파하는 사역과 가르치는 교육사역과 권면하고 치료하는 상담사역이 그것이다. 상담은 현대 심리학자들이 만들어 낸 새로운 사역분야가 아니다. 모세의 장인 이드로가 모세를 상담했고, 욥의 친구들이 욥을 상담했고, 다니엘이 느부갓네살 왕을 상담했다.

　　콜린스(Collins, 1989)가 말한 대로, 훌륭한 설교가 하나님의 말씀을 공개적으로 선포한다면, 훌륭한 상담은 하나님의 말씀을 사적으로 적용시킨다. 둘 다 사람을 온전한 쪽으로 변화시키려고 시도한다는 점에서 공통점을 지니고 있다. 사람은 누구나 불안과 열등감, 죄책감, 외로움, 우울증 그리고 주체할 수 없는 분노의 문제로 갈등하고 있다.

　　성경은 모든 그리스도인에게 상담을 격려한다. 수천의 무리에게 설교하셨던 예수님은 니고데모나 우물가의 여인에게나 마리아와 마르다에게와 간음 중에 붙잡혀 온 여인에게, 그리고 혈루증을 앓는 여자에게 설교하지 않으셨다. 이들과 엠마오 도상의 제자들, 그리고 기타 많은 사람들과 예수님은 개인적으로 만나 이야기했고, 그들의 아픔을 나누었고 눈물을 흘렸고 문제를 극복할 수 있도록 격려했고 인도해 주셨다. 때로 그는 가르치기도 했고 면박하기도 했고 회개를 촉구하기도 했다.

　　신약 전체를 통해 개인상담의 모범이 예시되고 있고 우리는 짐을 서로 나눠 지라는 권면을 받고 있다. 예를 들어 요한의 부드러운 서신이나 바울이 젊은 디모데에게 보낸 목회적 권면, 베드로의 실제적 서신들, 야고보의 격려, 오네시모의 문제로 바울이 빌레몬에게 보낸 상호관계적 상담서신을 생각해 보

라. 성경에는 피차, 서로, 함께라는 말이 50번 이상 나온다. 이 서로, 피차(one another)의 용어는 "서로 짐을 져주라, 서로 격려하라, 서로 위로하라, 서로 돌아보라, 사랑 가운데 서로 섬기라, 피차 불쌍히 여기라"는 가르침과 관련해 쓰이고 있는데, 신자들에게 서로 상담해 줄 것을 권면하는 말씀이다.

    갈라디아서 6:1에서, 바울은 신령하고 성숙한 그리스도인들이 죄에 빠진 사람을 온유한 심정으로 바로잡아줄 책임이 있으며, 우리 모두는 서로 짐을 져주는 일에 참여해야 한다고 말씀하고 있다. 상담은 "서로 사랑하라"는 우리 주님의 새계명을 이루는 한 방법이다. 기독교상담은 성경과 심리학의 통합을 기반으로 이루어지며, 상담은 서로 사랑하라는 새계명을 이루는 구체적인 방법이다. 하나님은 살아계시며 모든 진리의 원천이 되신다. 그리스도의 제자 된 우리는 주님이 우리에게 허락하신 모든 진리를 활용해 사람들을 변화시켜 "그리스도의 장성한 분량에까지" 이르게 하는 일에 동참해야 할 것이다.

참고도서목록

돕슨, 제임스.「왜 부모의 권위는 소중한가?」. 현순원(역). 말씀의 집, 1991.
라슨, 로버트 외.「이름도 없이 얼굴도 없이」. 생명의 전화 편역. 종로서적, 1991.
메닝거, 칼 A.「인간의 마음: 무엇이 문제인가?(1)」. 설영환(역). 도서출판 선영사, 1987.
성인경 편집.「기독교 신앙의 실체와 매력을 찾아서」. 일지각, 1993.
셀, 찰스.「아직도 아물지 않은 상처」. 정동섭·최민희(역). 두란노 서원, 1992.
시맨즈, 데이비드.「상한 감정의 치유」. 송헌복(역). 두란노 서원, 1991.
_____.「치유하시는 은혜」. 윤종석(역). 도서출판 두란노, 1991.
연문희.「청소년 이해와 지도」. 대전: 도서출판 한일, 1989.
에간, 제랄드.「상담의 실제」. 오성춘(역). 대한예수교장로회 총회출판국, 1991.
이만홍.「아스피린과 기도」. 두란노 서원, 1991.
이진숙.「목회상담을 위한 전화 상담의 이론과 실제」. 서울: 도서출판 푸름, 1991.
정인석.「상담심리학의 기초이론」. 서울: 대왕사, 1991.

콜린스, 게리. 「훌륭한 상담자」. 정동섭(역). 서울: 생명의 말씀사, 1983.
____. 「효과적인 상담」. 정동섭(역). 서울: 두란노 서원, 1983.
____. 「왜 그리스도인이 상담을 받아야 하는가?」. 이종일(역). 도서출판 솔로몬, 1992.
____. 「심리학과 신학의 통합전망」. 이종일(역). 도서출판 솔로몬, 1992.
____. 「창의적 상담접근법」. 정동섭(역). 도서출판 두란노, 1995.
____. 「크리스찬 심리학」. 문희경 (역). 요단출판사, 1996.
____. 「기독교상담의 성경적 기초」. 안보현 (역). 생명의 말씀사, 1996.
투르니에, 폴. 「삶에는 뜻이 있다」. 한준석(역). 서울: 종로서적, 1985.
____. 「인간장소의 심리학」. 서울: 보이스사, 1985.
____. 「성서와 의학」. 마경일(역). 전망사, 1991.
____. 「여성, 그대의 사명은」. 홍병용(역). 한국기독학생회출판부, 1991.
____. 「서로를 이해하기 위하여」. 한정건(역). 기독교문서선교회, 1991.
펙, M. 스캇. 「아직도 가야 할 길」. 신승철·이종만(공역). 서울: 열음사, 1991.
포웰, 존·「외롭게 사는 이 누구인가?」. 박준서(역). 명문당, 1987.
____. 「왜 사랑하기를 두려워하는가?」. 이동진(역). 자유문학사, 1990.
포웰, 존. 로레타 브랜디. 「대화의 길잡이 25」. 정홍규(역). 분도출판사, 1990.
Adams, Jay. *How to help people change*. Grand Rapids, Michigan: Zondervan, 1986.
Benner, David(ed.). *Baker encyclopedia of psychology*. Grand Rapids, Michigan: Baker, 1985.
Bobgan, Martin & Dridre Bobgan. *The psychological Way/The Spiritual Way*. Bethany Press, 1979.
Bube, R. *The Human quest*. Waco, Texas: Word, 1971.

어떻게 사람을 변화시킬 수 있는가?

Carter, John & Bruce Narramore. *Integration of psychology and theology*. Zondervan, 1979.

Cavanaugh, Michael. *The counseling experience: A theoretical and practical approach*. Monterey, Calif.: Brooks/Cole, 1982.

Clinebell, Howard. *Basic types of pastoral care and counseling*. Nashville: Abingdon, 1984.

Collins, Gary. *Man in motion*. Carol Stream, Il.: Creation House, 1973.

____. *Can you trust psychology*. Ivp, 1989.

____. *Christian counseling: A comprehensive guide*. Word Publishing, 1983.

____. *Beyond easy believism*. Word, 1984.

____. *Christian psychology of Paul Tournier*. Baker, 1975.

____. *Innovative approaches to counseling*. Waco, Texas: Word, 1986.

____. *Rebuilding psychology*. Wheaton: Tyndale, 1977.

Corey, Gerald, Marianne Schneider & Patrick Callanan. *Issues and ethics in the helping professions*, 3d ed. Monterey, Calif.: Brooks/Cole, 1988.

Crabb, Lawrence. *Effective Biblical counseling*. Grand Rapids, Il.: Zondervan, 1977.

____. *Understanding people*. Grand Rapids, Michigan: Zondervan, 1988.

Dobson, James. *Dr. Dobson answers your questions*. Wheaton, Il.: Tyndale, 1982.

Freud, Sigmund. *The future of an illusion*. New York: Norton, 1961.

Gilbert, Marvin & Raymond Brock. *The Holy Spirit & counseling*. Peabody, Mass: Hendrickson Publisher, 1985.

Glasser, William. *Take control of your life*. Harper & Row, 1983.

Grounds, Vernon. *The gospel and the emotions*. Zondervan, 1976.

Holmes, A *All truth is God's truth*. Grand Rapids, Michigan: Eerdmans, 1977.

Howard, J. *The trauma of transparency: A Biblical approach to interpersonal communication*. Portland, Oregon: Multinomah, 1979.

Hulme, William. *Counseling and theology*. Philadelphia: Fortress, 1956.

Hunt, Dave. *Beyond seduction*. Eugne, Oregon: Harvest House, 1987.

Hurding, Roger F. *The tree of healing: Psychological & Biblical foundations for counseling a pastoral care*. Grand Rapids, Michigan: Zondervan, 1985.

James, Sire. *The universe next door*. IVP, 1976.

Jones, Stanton L. & Richard E. Butman. *Modern psychotherapies: A comprehensive Christian appraisal*. Downers Grove, Il.: Inter Varsity Press, 1991.

Kilpatrik, William. *The emperor's new clothes: The naked*

truth about psychology. Crossway, 1985.

Kirwan, William. *Biblical concepts for christian counseling.* Grand Rapids: Baker, 1984.

Koteskey, R. L. *Psychology from a Christian perspective.* Nashville: Abingdon, 1980.

Larson, Bruse. *There is more to health than not being sick.* Word, 1976.

Miles, Delos. *God is for you.* Nashville, Tennessee: Broadman Press, 1989.

Miller, Keith. *The taste of new wine.* Word, 1976.

Miller, W. & Jackson, K. *Practical psychology for pastors.* Englewood Cliffs, N.J.: Prentice-Hall, 1985.

Olson, G. Keith. *Counseling teenagers.* Loveland, Co: Thom Schultz Publications, 1984.

Schaeffer, Francis. *True spirituality.* Grand Rapids, Michigan: Baker, 1971.

Smith, Darrell. *Integrative therapy.* Grand Rapids, Michigan: Baker, 1990.

Tan, Siang-Yang. *Lay counseling: Equipping Christians for a helping Ministry.* Grand Rapids, Michigan: Zondervan, 1991.

Tournier, Paul. *Guilt and grace.* New York: Harper & Row, 1962.

____. *The listening ear.* Minneapolis: Augsburg, 1975.

Vitz, Paul. *Psychology as religion: The cult of self-worship.* Eerdmans, 1985.

2
역기능가정의 성인아이 치유사역
Healing Adult Children of Dysfunctional Families

Abstract

This paper attempts to delineate the common characteristics of adult children of dysfunctional families to provide a better understanding for and counseling of the juvenile delinquents. One of the better ways to understanding people is to see them in the light of the impact the family of origin has had on the formation of their personality. In the light of family systems theory, the differences of well functioning family and the dysfunctional family are clearly

---

편집자 註: 정동섭 교수는 이 논문을 1996년 8월 17일 서울 양재동 횃불회관에서 열렸던 기독교대학설립동역회 주최 통합연구학회 96년도 학술발표회에서 발표한 바 있다.

defined. A dysfunctional family focuses its attention on an emotionally needy family member (who is usually an addictive personality), places limits on the expression of feelings, discourages open talk about obvious problems, permits destructive roles for the children in the family, fails to provide appropriate nurture for developing children, and is closed to the outside world. The concept of adult child is then defined as an adult who is still dealing with unresolved issues of childhood. Personal (mental, emotional and physical) and interpersonal characteristics of adult children of alcoholics are discussed. Finally common characteristics of adult children of dysfucntional families are summarized with a few suggestions for counseling adult children for recovery and healing.

※※※   ※※※   ※※※

　　오늘날은 과거 그 어느 때보다도 생활지도와 상담의 필요성이 강조되는 시기라고 할 수 있다. 산업화로 인한 사회구조의 변화, 가족구조의 변화, 생활양식의 변화, 그리고 가치관과 태도의 변화 등은 성장하는 어린이와 청소년들에게 적응상의 어려움을 겪게 하고 있다. 정부에서는 교육개혁이라는 이름으로 제도를 바꾸고 있지만 학원폭력을 비롯한 비행청소년의 문제는 여전히 심각한 사회문제로 대두되고 있다.

청소년 문제의 현황

오늘날 우리 사회에서 신문이나 라디오, TV 등을 통해서 보도되고 있는 청소년에 관한 기사들은 청소년의 정상적이고 건전한 측면보다는 일탈적이고 부정적인 측면을 다루는 것들이 주종을 이루고 있다. 청소년 범죄는 증가일로에 있을 뿐 아니라(청소년대책위원회, 1986) 질적으로 점차로 조직화, 흉포화, 폭력화되고 있으며(동아일보, 1992. 1. 30), 연소화되고 있다(청소년대책위원회, 1986).

흡연, 음주, 약물복용, 성범죄 등의 비행문제가 점점 더 심각해지고 있을 뿐 아니라 가정문제와 입시경쟁으로 인한 여러 가지 정신건강의 문제는 심각한 상황에 이르고 있다. 서울시내 고등학생들을 대상으로 조사한 연구결과에 의하면 31%가 치료를 필요로 하는 비정상상태이고, 치료를 필요로 하지 않으나 경계선상에 있는 위험한 학생이 23%나 되는 것으로 나타났다(김광일 외, 1983). 한편 최근 5년 동안 소년범죄의 증가율은 2.6%인 데 비해 학생범죄 증가율은 27%로 10배나 되는 것으로 나타났다(동아일보, 1996. 3. 11). 많은 청소년 비행은 그들의 정신건강과 밀접한 관련이 있다고 할 수 있다. 이러한 의미에서 청소년들의 정신건강문제는 비행문제보다도 더 심각한 문제라 할 수 있다.

청소년은 누구나 생활 중에 많거나 적거나 간에 여러 가지 문제에 부딪히게 된다. 청소년 문제는 광범하고 다양하다. 부모와의 갈등, 학업문제, 교우관계, 이성문제, 마약, 폭력, 음주, 흡연, 자신의 심리적인 문제 및 신체적인 문제에 이르기까지 실로 다양하다. 특히 가정문제와 학교문제는 청소년들의 생활에 매일 직접적인 영향을 미치고 있다. 예를 들어, 우리나라의 경우, 25.4%에 해당하는 중고등학생들이 가정문제로 고민하고 있는 것으로 나타났다. 청소년에게 스트레스를 안겨주는 스트레스원으로는 부모님의 불화(26.8%), 가정환경에 대한 갈등(가난이나 형제간의 갈등: 26%), 어머니와의 갈등(15.7%), 아버지와의 갈등(15.7%), 새엄마와의 갈등(11.8%)이 있는 것으로 나타났다(홍숙기 외, 1992). 최근에 중학생들을 대상으로 조사한 바에 의하면, 우리나라의 중학생들은 공부(51%), 교사와의 관계(23.7%), 교우관계(14.3%), 클럽활동(11%) 순으로 스트레스원을 인식하고 있는 것으로 나타났다(조선일보, 1995. 2. 20).

    교도소의 재소자들과 소년원에 수감되어 있는 청소년의 한 가지 공통점은 그들이 모두 역기능가정 출신이라는 것이다(Sell, 1995, p. 48). 청소년범죄가 증가하고 청소년들 사이에 정신질환이 늘어가는 이유는 무엇인가? 청소년의 정신건강에 영향을 미치는 요인 중에는 유전적 요인, 생리적 요인, 신념, 행동, 환경에 대한 반응, 영적 요인 등 다양하다(Cogsrove & Mallory, 1977). 청소년들을 지도하고 상담하는 교사들에게 필요한 것은 그들의 문제에 대한 정확한 이해와 진단이다. 문제에 대한 정확한 진단은 문제의 반을 해결한 것이나 같기 때문이다.

청소년의 주변환경은 인간관계적 측면과 공간 및 생활환경적 측면에서 급격한 변화를 겪게 된다. 인간관계적 측면에서는 가족 그 중에서도 특히 부모-자녀 관계에서 형제관계의 비중이 커지고 전체적으로 인간관계의 범위는 가족관계보다 친구관계로 변화하는 경향이 있다. 공간 및 생활환경적 측면에서는 가정환경-학교환경의 주종관계가 연령이 증가함에 따라 평형을 이루다가, 점차로 또래집단의 영향이 커져 학교환경 및 동료집단-가정환경의 주종관계로 변화하는 경향이 있다(심응철, p. 18). 그러나 청소년의 자존감이나 자아개념은 여전히 부모의 자녀양육행동에 직접적으로 영향을 받고 있는 것으로 드러나고 있다(정동섭, 1996).

우리는 청소년문제를 가정과 학교, 교우관계, 사회환경에 비추어서 다각도로 진단하고 이해할 수 있을 것이다. 그러나 본 논문에서는 청소년의 문제를 가정과 관련하여 진단하는 데 초점을 맞추기로 한다. 청소년문제를 야기시키는 여러 가지 요인들은 궁극적으로 그 뿌리를 가정에 두고 있기 때문이다.

가정이 청소년의 인격형성에 절대적 영향을 미친다

자녀는 가정의 영향을 벗어날 수가 없다. 우리가 자라난 가정은 우리의 인격형성, 즉 우리의 정서발달과 태도 및 행동양식에 많은 영향을 미친다. 그래서 셀(Sell, 1992)은 "우리의 몸은 우리의 가정을 떠나지만, 우리의 가정은 우리를 떠나지 않는다"고 했다. 아버지와 어머니의 관계, 부모의 가치관과 태도, 행동양식이 우리의 자아개념과 인격형성을 좌우하는 핵심요인이 된다는 것을 우리는 알고 있다.

> 다른 기관과 달리, 가족은 우리의 마음과 가치를 형성하고, 우리의 외모를 좌우하고, 우리가 어디를 가든지 정서적으로 우리를 따라 다니고, 넉넉한 양의 기쁨과 좌절감을 안겨주면서, 요람에서 무덤까지 우리를 둘러싸고 있다(Collins, 1995, p. 36).

특히 부모와 자녀의 관계는 자녀의 일생에 중대한 영향을 미친다.

> "부모는 우리의 내면세계에서 정신적, 정서적 씨를 심어주는데 이 씨는 우리가 성장함에 따라 함께 자란다. 가정에 따라서는 사랑과 존경과 독자성의 씨가 뿌려지고, 그보다 더 많은 가정에서는 공포, 의무, 또는 죄의식의 씨가 뿌려진다"(포워드, 1990, p. 15).

사도 바울은 부모들에게 "자녀를 노엽게 하지 말라"(골 3:21)고 권면하였다. 상처를 받고 자라난 아이는 낙심하게 되나, 칭찬과 인정을 받고 성장한 아이는 자신감있는 아이가 됨을 암시하고 있다. 부모가 자녀를 사랑으로 받아주면 자녀는 긍정적인 자아개념을 소유하게 된다. 그러나 많은 역기능가정은 자녀에게 정서적인 지원을 거의 공급하지 못한다. 부모역할 교육을 받지 못한 데다 바람직하지 못한 본을 보고 성장한 대부분의 부모들은 자녀들의 자존감에 상처를 주고, 자율성을 해치고, 의욕을 상실하게 하고, 잘못된 가치관을 심어주고, 반항심을 심어주는 말과 행동을 서슴지 않고 있다. 다음은 부모들이 일상 속에서 아무 생각없이 내뱉는 말과 행동을 모아 본 것이다(우리누리, 1995).

"쓸모없는 녀석같으니라구."
"넌 정말 구제불능이야."
"이 바보야. 이것도 몰라."
"너는 인사도 제대로 못하니."
"너는 누구를 닮아서 그렇게 못생겼니?"
"어디서 말대꾸야."
"너는 심부름 하나 제대로 못하니."
"넌 왜 맨날 그 모양이니?"
"버릇없이 어른들 얘기에 끼어드는 게 아냐."
"애들 주제에 무얼 안다고 나서니?"
"공부도 못하면서 무슨 오락이야. 공부 좀 해라. 공부 좀."
"공부만 잘하면 해달라는 것 다 해줄게."
"쓸데없는 짓 하지 말고 공부나 해."
"잘했구나, 그런데 네 짝은 몇 점 맞았냐?"
"그걸 노래라고 듣는거냐? 그런 시시한 음악 좀 듣지 마라."
"네 누나가 너만할 때는 너보다 똑똑했는데."
"쓸데없는 것 좀 사지마. 학원비가 얼만데 수업을 빼먹어."

"엄마 말이 맞아, 그 옷은 네게 어울리지 않아."
"만화만 보지 말고 책 좀 읽어라."
"딴데로 새지 말고 곧장 와."
"한 번만 더 반찬 투정하면 다시는 밥 안줄거야."
"꾸물대지 말고 어서 일어나. 이 게으름뱅이야."
"너 같은 애는 엄마 자식이 아니야."
"네가 그랬지? 바른 대로 말 못해? 왜 맨날 그런 친구들이랑 어울리니?"
"너 귀찮게 굴지 말고 나가 놀지 못해."
"네 몰골 좀 봐라. 그걸 옷이라고 입었냐?"
"또 우유를 엎질렀구나. 어떻게 된 아이가 제대로 하는 게 하나도 없냐?"
"자, '수' 가 3개인데, 이 '우' 는 무엇에 필요한 것이냐?"
"너는 뜻있는 말은 한마디도 할 수 없단 말이냐?"
"너는 도대체 어떻게 된 놈이냐?"
"이 멍청이 같은 놈아. 네가 무슨 공부를 한다고 그래. 집어치워라."
"너 같은 놈이 인간되겠냐!"

자녀는 부모로부터 이와 같이 거부를 나타내는 언어적 및 비언어적 메시지를 받는다. 부모를 비롯한 중요한 타인의 태도와 기대와 말과 행동이 자녀에게 직접적인 영향을 미친다. 그래서 심리역동적 상담접근을 하는 상담자들은 어린시절의 외상적 경험과 부모와의 갈등 등에서 문제의 원인을 찾아 부적

어떻게 사람을 변화시킬 수 있는가?

응의 문제를 해결하려고 시도하였다. 그러나 1950년대 이후 가족치료운동이 활발해지면서 상담학계에 하나의 커다란 발상 전환이 있었다. 그것은 "혼란 중에 있는 개인"(troubled individual)만이 아니라 "혼란 중에 있는 가정"(troubled family)이 치료를 필요로 한다는 것이다. 이것은 특별히 정신분열증 환자들 가족의 의사소통유형을 연구하는 가운데 명확하게 드러났다(Korchin, 1976). 드디어 우리는 문제아를 지도하고 상담하는 것보다는 문제아를 배출한 가족체계가 변해야만 문제아가 진정한 치유와 변화를 경험할 수 있다는 시각을 가지게 되었다.

지난 35년간은 가정이 인격형성에 미치는 영향에 대하여 새로운 인식을 가져왔다. 우리 가정이 우리에게 영향을 미친다는 것은 오랫동안 알려진 사실이었지만, 우리는 지금 그 영향이 우리의 상상을 초월하고 있음을 발견하고 있다. 우리는 이제 가정이 역동적인 사회체계로서 구조적 법칙과 구성요소와 규칙을 가지고 움직인다는 것을 이해하게 되었다(Bradshaw, 1988, p. 1).

교회와 역기능가정

지금부터 한 세대 전만 하더라도, 기독교계와 교회는 인생의 냉혹한 현실에 대하여 마음을 열지 않았다. 강간이나 근친상간, 동성애, 자녀학대 같은 단어는 설교단상에서 언급되지 않았고 여간해서 소그룹에서도 거론되는 일이 없었다. 본인의 의사와 관계없이 이혼을 당한 사람들이나 배우자 구타나 성적 학대의 대상자들은 침묵 속에 고통을 감수해야 했으며 소외감과 수치심을 느끼며 아픔을 감내해야만 했다. 알코올이나 도박과 같은 중독증으로 고통하는 교인들은 죄를 고백하고 문제를 주님께 맡기라는 말을 심심찮게 들어야 했다. 설교자들은 이러한 권면의 근거로 성경을 사용하였다. 한꺼번에 술담배를 끊거나 "정신을 차리지 못하면" 그들은 "병자" 취급을 받거나 말씀에 불순종하는 "반항적인 신자"로 낙인이 찍히기도 하였다.

그러나 복음주의적 교회 내에서의 분위기가 서서히 바뀌고 있다. 복음주의 진영의 대표적인 설교자로 알려져 있는 스윈돌(Charles Swindoll, 1995) 목사는 이러한 변화를 다음과 같이 요약하고 있다.

> 20세기말에 들어서면서, 고통스런 진실이 드디어 밀실 밖으로 드러나는 것이 허용되게 되었다. 마침내 목회자와 회중들이 많은 가정을 괴롭히고 있는 은밀한 아픔에 대하여 몰래 수근거리기를 중단하고 고통스런 비밀에 직면하기 시작하였다. 강단을 주먹으로 두드리면서 즉각 회개하고 변화될 것을 요구하는 대신에, 우리는 역기능가정이 교회 안에 흔히 발견되고 있다는 것과 회복과 치유는 시간을 요하는 고통스런 과정이라는 것을, 그리고 그 치유과정은 더 많은 성경구절을 버림받은 사람들이나 학대받은 사람들에게 주입시킴으로써 가속화될 수 없다는 것을 발견하였다. 죄책감과 수치심은 내적 치유를 자극하는 은혜의 친구가 아니다 (p. 10).

우리가 역기능가정의 역동성에 대하여, 그리고 역기능가정이 다음 세대에 미치는 영향에 대하여 더 깊이 이해하기 시작한 것은 1980년대 초였다(Sell, 1995). 다음에 소개하는 가족체계이론은 역기능적 가족의 역동을 설명하려고 노력하는 과정에서 도출된 이론이다. 우리가 알코올 중독이나 근친상간이 이루어진 가족에 대하여 알게 된 것은 대부분 알코올 중독자를 비롯해 각종 중독자들과 일하는 사람들에 의해서였다(장휘숙, 1995). 따라서 기독교계에서도 이들이 발견한 원리에 관심을 돌리기 시작한 것이다.

뒤늦게나마 찾아온 이러한 변화의 혜택 가운데 하나는 은밀한 가운데 고통하는 이들이 치유를 발견하도록 돕기 위하여 저술된 책들이 계속해서 발간되고 있다는 사실이다. 휴 미실다인의 「몸에 밴 어린시절」, 찰스 셀의 「아직도 아물지 않은 마음의 상처」, 데이비드 시맨즈의 「상한 감정의 치유」, 그리고 최현주 목사의 「위장된 분노의 치유」는 그 대표적인 예라 할 것이다.

기독교 상담학을 대표하는 심리학자 콜린스(Gary Collins, 1995)도 그의 「가족충격」(Family Shock)이라는 최근의 저술에서 위기의 와중에 있는 가정을 열거하면서, 이혼한 가정, 슬픔과 상실의 와중에 있는 가정, 그리고 학대적이고 역기능적인 가정을 새로운 항목으로 다루고 있음을 볼 수 있다.

사람을 돕는 직종에 봉사하는 목회자와 교사, 상담자, 그리고 가정사역자들은 이러한 정보에 마음을 열고 새로운 시각과 통찰로 역기능가정 출신의 내담자들을 이해하고 도와주어야 할 것이다.

가정과 사춘기 청소년

역기능가정 출신의 청소년은 정체감 형성이라는 발달과 업적 도전에 직면한다. 어린이는 개인적인 정체감을 가지고 태어나지 않는다. 자아정체감은 주로 가정 내의 상호작용을 통해서 형성되는 것이다. 자녀는 그들의 정체감을 반사시키기 위하여 거울역할을 하는 그들의 부모를 바라본다. 그러나 알코올 중독에 빠져있는 부모는 극히 일그러진 거울이다. 그들의 자녀에 대한 인식은 알코올이라는 안개 속에서 형성되며, 이 희미하고 왜곡된 형상은 자녀에게 반사된다. 이 선명성의 결여는 사춘기 청소년이 독립된 개성을 지닌 인격체로 성장하는 것을 방해한다.

역기능가정에서의 정체감 형성을 위한 투쟁은 흔히 성정체감에 대한 혼란으로 표현된다. 예를 들어, 남자는 알코올 중독 아버지를 남성모델로 삼는 것을 거부하지 않지만, 술마시는 어머니 밑에서 자라난 딸들 중에는 여성이기를 원치 않는 이가 많은 것으로 드러났다(Wilson, 1989, p. 44). 그러나 정체감 형성이라는 도전에 성공적으로 직면하게 되면, 17세에서 20세까지의 청소년은 부모의 가치관과 융화하는 것과 관계없이 그들의 미래를 독자적으로 선택할 수 있다. 그러나 이것은 알코올 중독자 가정에서는 거의 불가능한 일이다.

중독부모가 자녀에게 끼친 피해는 부모가 술을 마시기 시작했을 때의 자녀나이와 관계가 있는 것으로 믿어지고 있다. 자녀의 나이가 어릴수록 그 피해는 커진다는 것이다. 아마도 부모의 알코올 중독이 어머니와 자녀의 유대관계형성을 방해하여 깊은 정서적 상처로 이어질 때 그후의 발달이 늦어지기 때문일 것이다. 뿐만 아니라, 부모가 알코올 중독과 그에 따르는 행동적 결과를 부인할 경우, 어린 자녀는 종종 거짓된 현실감각을 계발하게 된다. 이는 점증하는 혼란과 불신, 무능력과 불안을 야기시켜 앞으로의 정서적 성장을 방해하게 된다.

이와 같은 발달상의 결함은 역기능가정에서 자라난 자녀의 공통된 문제로 나타난다. 이러한 가정에서 자라난 어린이가 경험하는 스트레스는 신체적, 정서적, 행동적, 그리고 학업상의 문제로 나타난다. 문제의 표현은 남학생과 여학생이 다르게 나타나는데, 여학생은 우울증적인 증상으로 표현되는 경향이 있고 남학생은 불량 및 비행으로 표현되는 경향을 보이고 있다.

그리고 술을 마시지 않는 아버지를 둔 자녀에 비해 알코올 중독 부모의 자녀는 정신신체증상을 더 많이 보이는 것으로 나타났다. 이들은 두통과 위장장애, 또는 피로감을 훨씬 더 많이 보고하고 있으며, 정서적 스트레스와 불안이 남학생의 경우에는 과다행동이나 주의산만으로, 여학생의 경우에는 복통과 불면증으로 표현되는 것으로 보고되고 있다(Wilson, p. 46).

정서적 및 심리적 문제들

성인아이들은 대개 부모의 행동에 부끄러움을 느끼며, 혼란스런 가정생활로 인하여 의미있는 우정을 맺지 못하며, 자신감이 결여되어 있는 것이 공통점으로 나타나고 있다. 이들은 폭력과 버림받는 것에 대한 두려움, 부모의 방치와 폭력에 대한 분노, 상처와 외로움으로 인한 슬픔을 동시에 경험하고 있는 것이 특징이기도 하다.

> 어떤 가정에 수치스러운 것이 있는 그것은 자녀에게 수치심에 기반을 둔 정체감을 만들어 줌으로 한 세대에서 다음 세대로 전이될 수 있으며 충동적인 행동과 중독증으로도 발전될 수 있다. 자녀는 가정이 미치는 영향력을 벗어날 수가 없다. 자녀는 수치심에 기초해서 행동하도록 가르쳐지는 것에 대한 선택의 여지가 없다. 이런 측면에서 중독성은 한 세대에서 다음 세대로 전달되어질 수 있는 것이다(슬레지, 1996, p. 90).

그러나 모든 성인아이들이 나쁜 증상을 나타내는 것은 아니다. 역기능가정 출신의 자녀 중 10% 정도가 중독부모의 피해를 전혀 받지 않은 아이처럼 성장하기 때문이다. "알코올 중독자의 탄력적인 자녀들"에 대한 연구는 이들이 돌봄을 제공하는 환경으로부터 정서적 지원과 교육적 자극과 같은 긍정적인 반응을 받았을 경우에는 알코올 중독에도 불구하고 "스트레스-저항적" 이라는 것이 밝혀졌다(Wilson, p. 53).

가족체계의 기본속성

일반 체계이론을 기초로 할 때 가족은 살아 있는 유기체이며, 가족을 가족구조와 가족관계 내에서 연구할 수 있는 자연적 사회체계로 간주한다. 체계이론은 전체성, 구성부분들간의 상호작용, 구성부분들을 합하여 전체적인 하나로 만드는 원칙으로서 조직을 중요시함으로 새로운 과학적 접근이라고 할 수 있다. 따라서 체계적 견해는 구성요소들간의 상호작용을 이해할 수 있도록 돕는다. 가족체계이론가들은 체계의 속성을 설명하는 데 있어 주로 전체성, 상호관계성, 경계, 개방성과 폐쇄성, 항상성 등의 개념을 사용하고 있다.

체계의 공통된 특성

체계는 일정한 속성을 지니고 있다. 첫째, 체계는 전체성(wholeness) 또는 통일성에 의해 특징지어진다. 체계는 부분과 부분들의 관계로 이루어지며, 따라서 체계는 부분들이 합쳐진 것보다 더 큰 실재를 이룬다. 체계 내의 구성요소들은 독립적으로 기능할 수 없으며, 고립된 상태로 존재할 수 없다.

둘째, 체계는 상호관계성(interrelatedness)에 의해 특징지어진다. 체계는 여러 체계 내에서 어떤 "위계질서"를 가진 부분으로서 존재한다. 상위단계의 체계는 여러 하위단계의 체계들로 구성된다. 모든 구성요소, 모든 부분들이 서로 영향을 미치고 덜 중요한 부분이 따로 없다는 것이다.

셋째, 경계(boundaries)는 체계의 영역을 구분지어준다. 경계는 체계와 체계 환경과의 사이에 있는 막이나 테두리와 같은 것이다. 가족에서의 경계는 식구들이 가족체계 안에 그대로 있으면서 결속하도록 돕는다. 그리고 경계는 침투성과 불침투성의 속성을 갖고 있다.

넷째, 살아 있는 체계는 크게 개방체계와 폐쇄체계로 나누는데, 폐쇄체계는 환경과의 교류가 없으며 체계 자신의 경계 안에서만 작용하는 것을 말한다. 개방성 여부에 따라 체계는 변화할 수 있거나 변화하는 환경에 반응하지 못해 경직된 혼란에 빠질 수 있다.

마지막으로, 모든 체계들은 어떤 형태이든 균형을 유지하려 한다. 체계는 역동적인 상호작용을 하는 가운데 언제나 자기조정을 통하여 안정상태를 유지하려는 성향이 있는데 이것을 항상성(homeostasis)이라고 한다. 체계는 개방적이고, 융통성이 있어 내적, 외적 자극에 반응적일 때 역동적 항상성을 유지할 수 있다(Jones & Butman, 1991, p. 351). 가족도 이러한 속성을 지닌 체계라고 가족체계 이론가들은 주장한다.

가족체계이론은 우리의 가정과 그 구성원들(청소년들)의 언행을 진단하는 데 어떤 도움을 줄 수 있는가? 역기능가정과 순기능가정은 어떻게 다른가? 그리고 역기능가정에서 성장한 성인아이들은 어떠한 특징적 증상을 나타내는가? 이러한 주제에 대한 논의가 상담자 자신과 문제청소년을 이해하는 데 도움이 되기를 바란다.

가정: 그 순기능과 역기능

「사람만들기」의 저자 버지니아 사티어(Satir, 1991)는 가정은 "사람을 만드는 공장"이라고 비유한 적이 있다. 순기능가정에서 자존감이 높은 건강한 아이가 나오고, 문제가정은 문제아를 만들어 낸다는 뜻이다. 사람들은 전통적으로 문제가정을 불행한 가정, 병든 가정, 약한 가정, 비정상적 가정이라고 불러 왔다. 그러나 가족상담과 치료를 전문으로 하는 학자들은 가정을 설명하고 기술하는 데, 정상적, 비정상적이라는 말 대신에 순기능적(functional), 역기능적(dysfuntional)이라는 표현을 사용하기 좋아한다.

가정은 여러 가지 차원에서 정의될 수 있다. 가정은 재생산 및 종족보존, 성적 표현 및 통제, 교육 및 사회화, 지위부여, 경제적 협력, 정서적 지지와 만족, 그리고 사회통제 기능 등 다양한 기능을 수행한다(Sell, 1995, p. 15). 이와 같이 가정에 부여된 기능을 잘하는 가정을 순기능가정이라 하고 이러한 기능이 비정상적으로 이루어지는 가정을 역기능가정이라 할 수 있다. 먼저 잘 기능하는 가정(well functioning family)에 비추어 역기능가정을 정의하고, 역기능가정에서 성장하는 "성인아이"들이 어떠한 공통적 특징을 지니는가를 검토해 보기로 한다.

가족체계에서 가장 주된 구성요소는 결혼관계, 즉 부모하위체계(parental subsystem)이다. 어머니와 자신과의 관계, 아버지와 자신과의 관계, 그리고 그들의 상호관계가 가정의 기초가 된다. 남편과 아내는 가정의 설계자들이다. 역기능가정은 역기능적 결혼에 의하여 창조되는 것이다. 역기능적 결혼은 역기능적 개인들이 서로를 찾아 결혼함으로써 이루어지는 것이다(Bradshaw, p. 61).

근친상간은 근친상간을 낳고, 자녀학대는 또 다른 자녀학대를 낳으며, 알코올 중독은 알코올 중독을 낳는 것 같다. 이혼한 가정 출신의 여성은 보통 다른 여성보다 이혼하는 비율이 높다. 알코올 중독의 아버지 밑에서 성장한 남자는 그렇지 않은 남성보다 알코올 중독자가 될 가능성이 네 배나 더 높다. 학대받고 자란 자녀 중 70%는 자녀를 학대하는 부모가 된다는 통계도 나와 있다(Sell, 1995, p. 46).

체계를 중시하는 입장에서는 가정을 "정상적이다," "비정상적이다" 하는 말을 거의 쓰지 않는다. 그러나 어느 가정은 다른 가정보다 더욱 효과적이고 유능하고 탄력성 있게 기능하고 있다. 비버스(Beavers, 1977)는 가정의 효율성에 따라 각 가정을 볼 때 한편에는 가장 융통성 있고 적응력이 높고 목표지향적인 체계를, 그 반대쪽에는 가장 융통성이 없고 미분화되고 비효율적인 체계를 두었다.

모든 가정은 가족생활주기에 따라 여러 가지 위기에 직면하게 된다. 나피어와 위태커(Napir & Whitaker, 1978)는 가정에 피로와 눈물을 더하는 스트레스를 급성상황적 스트레스(중병, 직업의 전환, 아기의 출생, 이사, 가족의 죽음)와 대인관계적 스트레스(갈등과 불화), 그리고 개인적 스트레스로 나누어 설명했다.

순기능가정(functional family)은 스트레스에 직면할 때 가정 내의 자원을 동원하여 스트레스를 대처하고 스트레스를 정복함으로 인해서 더 강해지는 가정이다.

역기능가정

가족체계이론가들은, 역기능가정(逆機能家庭)은 흔히 "다세대상호의존적 가족체계"(multi-generational codependent family systems)라고 부른다. 처음에는 알코올 중독을 비롯한 중독적 가족에게만 적용되었던 개념이 이제는 일중독자, 충동적 도박군, 습관적 좀도둑, 과식자, 거식자, 그리고 이른바 성중독자를 포함하는 가족에게도 널리 적용되게 되었다. TV시청과 같은 충동적 행동도 목록에 첨가되게 되었는데, 이와 관련하여 자주 사용되는 표현 중에는 "중독적 가족역동"이나 "동반중독"이라는 말이 있다.

역기능가정은 여러 가지 관점에서 다르게 정의될 수 있다. 우선 스트레스의 관점에서 병든 가정과 건강한 가정의 특성을 연구한 큐란(Curran, 1985)은 역기능가정을 다음과 같이 정의했다.

> 역기능가정(dysfunctional family)은 스트레스에 대처하기 위해 충분한 자원을 동원할 수 없는 가정으로 그 결과 스트레스로 하여금 가정을 더 긴장시키고 부서지게 만드는 가정이다. 그러나 역기능가정을 만드는 데 무슨 재앙이 필요한 것은 아니다. 일상적인 스트레스가 조금씩 쌓여서 이미 취약해진 가정단위를 더 약화시킬 수가 있다. 아마 건강의 상실보다는 대화의 상실로 인해 더 많은 결혼이 고통하고 있고, 돈이 부족해서라기보다는 돈을 어떻게 사용하느냐에 대한 의견충돌 때문에, 그리고 혼외정사보다는 너무나 바쁜 일정 때문에 더 많은 가정이 아파한다고 할 수 있을 것이다(p. 3).

가족체계이론을 주창한 보웬(Murray Bowen)이나 생리심리사회적 치료를 주창한 액커만(Nathan Ackerman), 공동가족치료를 제창한 사티어(Virginia Satir), 구조적 치료를 주창한 미누친(Salvador Minuchin), 그리고 문제해결치료를 주창한 해일리(Jay Haley)와 같은 가족체계이론가들은 가족의 욕구충족의 관점에서 순기능가정과 역기능가정을 구분하고 있다.

사람은 누구나 기본적인 욕구를 지니고 있다. 욕구 중에는 신체적인 욕구와 정서적인 욕구가 있다. 신체적 욕구는 쉽게 인식할 수 있는 것이나 정서적, 심리적 욕구는 덜 명확하다. 정서적 욕구는 세 가지 차원, 즉 친밀감과 권력(자기표현)과 의미의 차원으로 축소시킬 수 있다. 사람은 다른 사람과 가까울 필요, 소속할 필요가 있다. 사람은 또한 자신을 표현할 필요, 독특한 자신이 될 필요가 있다. 끝으로 삶에는 의미와 목적이 있어야 한다. 대부분의 사람들에게 있어서 첫째 차원은 이성간의 성관계를 포함하고, 두번째 차원은 일과 관련되며, 세번째 차원은 자녀를 갖는 것과 관계된다. 가정은 상호선택에 의해 이 세 가지 차원의 욕구를 획득하려고 시도하는 사회적 단위이다.

> 순기능가정은 여러 식구들의 욕구가 정상적으로 충족되는 가정이다. 역기능가정은 식구들의 욕구가 충족되지 않으며 따라서 징후적인 행동이 일어나는 가정이다. 역기능가정과 순기능가정의 차이는 갈등이 있느냐 없느냐가 아니라 욕구충족이 되느냐 안되느냐 하는 것이다(Foley, 1984, p. 459).

「십대상담」의 저자 올슨(Olson, 1984)은 가족체계이론의 관점에서 역기능가정이 종종 주변의 사회 문화적 환경으로부터 격리되어 있고, 세대간의 경계에 대해 혼돈되어 있고, 식구 상호간에 "독립과 자유를 주는" 과정에 갈등을 겪고 있으며, 자신의 부모와의 관계에 대해 아직도 불안해하고 있다고 지적한 적이 있다(p. 248).

반면에 중독증(addiction)이 가정생활에 미치는 영향을 연구한 학자들(미실다인, 1987; Sell, 1989; Hart, 1990)은 중독증상이 가족에게 미치는 영향의 관점에서 순기능가정과 역기능가정을 구분하였다. 중독이란 습관적으로 또는 강박적으로 어떤 대상에 매이는 상태를 일컫는다. 따라서 "약물이나 대상, 느낌, 행동, 분위기, 또는 개인적 상호작용을 위해 강압적이고 반복적이며 지나친 욕구가 존재할 때 그 사람은 중독자로 간주된다"(Hart, p. 5).

처음에는 알코올 중독자 가정에만 적용되었던 이 표현이 지금은, 가정을 돌아보지 않고 돈버는 일이나 직장일에만 열중하는 일 중독자, 충동적으로 노름을 하지 않으면 견디지 못하는 도박꾼, 충동적으로 음식을 과식하거나 거식하는 음식중독자, 외도를 해 다른 살림을 차리고 배우자와 자식을 돌아보지 않는 이른바 성중독자, 이혼했거나 재혼한 가정에서의 편모, 계부 또는 계모, 엄격하고 율법주의적인 신앙생활을 고집했던 부모, 중풍이나 뇌성마비 같은 중병을 앓는 환자, 의처증이나 의부증세로 상대를 말이나 행동으로 학대했던 부모, 습관적으로 텔레비전을 시청하는 TV중독, 근친상간 등 습관적으로 성폭행을 하는 아버지를 둔 가정 등을 포함하는 말로 쓰이고 있다 (Sell, 1995, p. 47).

써비(Subby, 1987)가 지적한 것처럼, 약물중독자의 가정 외에도 정서적·심리적으로 혼란된 가족체계, 신체적·성적으로 학대하는 가족체계, 그리고 근본주의적이거나 (종교적으로) 경직되게 독선적인 가족체계가 역기능적 가정에 해당된다.

콜린스(Collins, 1995)는 역기능가정을 가족구성원들이 정서적으로나 신체적으로 부재하여 방치되었던 가정, 가족이 잔인하여 신체적 또는 성적으로 학대가 행해졌던 가정, 가족이 알코올이나 마약을 오용하여 약물남용이 있었던 가정, 그리고 가족이 말로 공격하여 언어적 학대가 행해졌던 가정으로 나누어 설명하기도 하였다.

라이트(Wright, 1992)는 역기능가족을 다음과 같이 설명했다.

> 역기능가족은 부모나 조부모가 만성적으로 아프거나 정신적으로 병들어 있는 가정이거나 부모가 만성우울증에 걸려 있는 경우와 같이 정서적으로 병들어 있는 가정이다. 한 부모가 죽고 나머지 부모가 슬픔을 이기지 못하여 부모역할을 감당하지 못하는 가족이나 신체적 또는 성적 학대가 이루어지는 가족, 자살이 일어난 가족, 자녀가 입양된 가족, 엄격하게 종교적인 가족일 수도 있다(이 마지막 범주는 다른 범주와 같이 특별히 행해지는 것이 없기 때문에 많은 사람에게 놀라움을 불러일으키기도 한다. 이와 같은 형태의 가정은 자녀가 있는 그대로 가치를 인정받지 못하고 엄격한 규칙에 의하여 양육되기 때문에 비슷한 역동성을 재생산

> 한다. 아버지가 목사일 경우 그의 사역을 수행하는 과정에서 가족을 등한히 할 수 있다. 자녀들은 지역사회의 눈에 부모가 좋게 보이도록 만들어야 한다는 느낌을 가질 수 있다). 한마디로 이들 가족은 자녀보다는 어떤 문제, 중독, 외상적 경험 또는 어떤 "비밀"에 초점이 맞추어져 있다. 이 가정은 수치심과 비난에 기반을 두고 있는 가정이다(p. 62).

어쨌든 역기능(dysfunctional)이라는 표현은 무기능(nonfunctional)이라는 말과는 다르다. 역기능적 가정은 자녀를 제대로 사회화시키고 양육할 만한 능력이 손상될 정도로 혼란스러운 가정이다. 따라서 역기능가정의 자녀는 신체적으로, 정서적으로, 영적으로 성숙할 수가 없다. 신체적 폭력, 언어적 공격, 폭력의 목격, 부모의 일관성없는 행동, 성적인 비행 등으로 인해 자녀의 발육과 성숙은 심각한 장애를 입을 수 있는 것이다. 역기능가정은 한마디로 "가족구성원들 사이에 건강하지 않은 관계유형이 존재하는 가정이며 부모가 자녀의 정서적 욕구를 충족시켜 주지 못하는 가정이다"(Grayson & Johnson, 1991, p. 12).

성인아이

역기능가정을 연구하는 이들은 이러한 역기능적 가정에서 자라난 사람을 "성인아이"(adult child: 어른아이)라고 부른다. 생활의 어떤 영역에 대해서는 어른과 같이 생각하거나 행동하는 어린이를 말할 수도 있고, 아직도 어린시절의 해결되지 않은 문제를 안고 있는 성인을 의미할 수도 있다(슬레지, p. 143).

이와 유사한 개념으로 문제의 중독자의 생활양식에 중독되었다는 의미에서 사용되는 "동반중독자"(co-dependent)라는 말이 있다. "역기능적인 가족 안에서는 배우자와 자녀들이 임금아이(폭군아이) 역할을 하는 부모를 참아내며 돌아보아야 한다"(Grayson & Johnson, 1991, p. 31). 따라서 동반중독(co-denpendency)은 모든 성인아이가 갖고 있는 생활양식이다. "자기 자신의 참 자아에 대하여 눈이 먼 사람이 다른 사람에게 반응하는 자신에게 초점을 맞춘 생활양식이다. 그는 그들의 태도와 행동, 그리고 의견에 통제를 받으며 동시에 통제하려고 하는 가운데, 영적 생동력을 상실하며, 진실된 자아를 상실하고 친밀감을 누리지 못하게 된다"(Groom, 1991, p. 21). 그들은 문제부모 때문에 필요한 사람으로 느끼게 되고 그러한 삶에 익숙하게 된다.

동반중독자의 위치에 있는 성인아이는 놀기보다는 계획을 해야 하고, 부모에게 양육을 받기보다는 부모를 보살펴야 하고, 생활 가운데 자신의 안전한 장소를 만든다. 너무 일찍 자신의 기본적인 필요를 스스로 돌아보아야 하고, 현실에 대한 자기 자신의 관점을 계발하고, 혼자서 두려움을 감내해야 한다.

오늘날 우리의 모든 것은 어제의 우리에 의하여 이루어진다(Wilson, 1989). 역기능가정은 스스로를 재생산한다. 미실다인(Missildine, 1987)은 그의 책 「몸에 밴 어린시절」에서, 위로

받지 못하고 자라난 과거내재아(inner child of the past: 또는 내재 과거아)는 성인이 되어서도 우리 안에 그대로 존재한다는 이론을 제시하고 있다. "지난날의 어린시절은 그 시절의 모든 감정이나 태도와 더불어 우리의 삶이 끝나는 그날까지 실질적으로 우리를 따라다닌다"(p. 25). 이것이 성인아이가 의미하는 것 중의 하나이다. 여러 가지 면에서, 성인이 여전히 아이상태에 있으며, 그의 감정과 행동 중 많은 부분이 유년기의 흔적을 나타낸다. 우리의 기억이나 잠재의식 속에는 과거의 사건에 반응하여 이루어진 정서적 찌꺼기가 남아 있다. 그것을 파생시켰던 사건은 끝났지만 우리는 여전히 그 반작용을 느끼고 있다.

그러면 성인아이의 특성을 거론하기 전에 기능을 잘하는 건강한 가정의 특성을 검토해 보기로 하자. 가족치료운동이 이룩한 가장 가치 있는 기여 중의 하나는 아마도 건강한 가정의 특성을 식별해 냄으로 가족치료와 가정생활교육이 지향해야 할 목표를 설정해 주었다는 점일 것이다.

순기능가정의 특징

건강한 가정을 가족사회학자들은 순기능가정(functional families)이라고 부른다. 이러한 가정들은 효과적이며 생산적으로 그 기능을 발휘하기 때문이다. 대중적인 작가들(Stinnet, 1979; Curran, 1983)이나 전문적인 심리학자들(Beavers, 1982; Olson, Sprenkle, and Russell, 1979)은 순기능가정의 특징으로 공통된 주제들을 제시하고 있다. 이들의 결론을 검토한 후 존스와 부트만(Jones & Butman, 1991)은 순기능가정의 특성을 다음과 같이 종합하고 있다.

(1) 피차 사랑과 고마움을 표현할 줄 안다. 상호지지를 보여주는 가정이다. 가족구성원이 그들의 소망과 꿈, 두려움과 관심사를 서로 나누고 서로 용납한다. 건강한 수준의 친밀감이 가정 내에 존재하고 있다. 건강한 가정의 힘의 원천은 가족구성원들이 서로 사랑하고 서로 사랑한다는 말을 자주 해주는 데 있다. 가족구성원들은 거의 무조건적으로 수용하고 지지하며 격려하는 것이 건강한 가정의 특징이다(p. 353).

(2) 명확하게 설정된 세계관을 갖고 있다. 건강한 가정에는 분명한 영속적 가치관이 있다는 것이다. 건강한 가정은 가족이 공통된 종교적 신념을 가지고 생활하며 윤리와 도덕을 가르치고 실천할 줄 안다. 옳은 일과 그른 일을 구분할 줄 알고 선한 뜻과 윤리적으로 타당한 수단을 통하여 인생의 목적을 성취하고자 한다.

(3) 정확하게 의사를 전달한다. 의사소통과정이 건강하며 개방적이고 직접적이다. 건강한 가정에는 투명함이 있다는 것이다. 한 사람이 대화를 독점하거나 지배하지 않는다. 가족구성원들이 함께 대화하는 기회를 자주 가지고 적극적으로 경청하며, 피차의 생각과 감정을 긍정하고 지지하며 자유로이 표현한다. 가족의 비밀이 없다. 이러한 가정은 잘 발달된 갈등관리기술을 갖고 있다.

(4) 가족이 함께 하는 것을 즐긴다. 의무감 때문이 아니라 자원해서 여러 가지 일에 동참하며 함께 즐거운 시간을 가질 줄 안다. 일을 하거나 놀 때에 가족구성원이 열심히 공통된 목표를 향하여 일한다. 건강한 가정은 유희감각(sense of play)이 있으며 유모어를 즐길 줄 안다. 웃음은 맥박수를 증가시키고 혈액순환을 돕고 산소의 호흡량을 증가시켜서 건강에 매우 이롭다. 또한 육체적인 이완을 가져오고 스트레스를 해소하여 고혈압에도 도움이 된다.

(5) 가족에 대해 책임감을 공유하며 피차간의 언약을 중요시한다. 가정 안에서 맡은 일을 충실히 이행할 뿐 아니라 다른 사람의 감정에 민감하며 가정에 대한 책임감을 공유한다. 건강한 가정은 집안의 역사나 전통을 공유하고 있어 공동체 의식이 강하다. 그 가정의 전통과 의식, 혹은 약속을 기꺼이 준수한다.

(6) 도전과 위기에 능동적으로 반응한다. 건강한 가정은 비극이나 실패에 직면했을 때 능동적으로 대처한다는 것이다. 현실을 부정하거나 왜곡하는 대신 건강한 가정은 개인적, 집단적 자원을 활용하여 건강한 대처전략을 계발한다. 건강한 가정은 문제가 발생하면 그럴 수 있다는 듯이 인정하고 필요 이상으로 당황하지 않으며 해결해야 할 일로 받아들인다. 문제를 위협으로 자각하지 않고 해결해야 할 과제로 생각하며, 자신감과 자부심이 있으므로, 건강한 가정은 그들의 문제를 공개하고 필요하면 외부의 도움을 청할 수 있다.

순기능가족은 가정의 분위기가 긍정적이고 비판단적이다. 각 가족구성원이 있는 그대로 용납되고 있으며 개인적 특성을 그대로 인정한다. 각자는 자신의 역할에 따라 활동하는 것이 허용되며 아이는 어린이답게 어른은 성인답게 행동할 수 있다(Wright, 1992, p. 61).

한편 브래드쇼(John Bradshaw, 1988)는 친밀감의 증진, 협상을 통한 갈등해소, 명확하고 일관된 의사소통, 상호신뢰, 개성의 격려, 개방적이고 융통성 있는 역할, 욕구의 충족, 문제해결을 위한 책임공유, 실수를 용납하는 융통성 있는 가족규칙, (지금 현재 있는 그대로) 보고, 듣고, 생각하고, 느끼고, 원하고 (선택하고), 상상할 수 있는 자유를 누리는 것을 건강하고 잘 기능하는 가정의 특징으로 열거했다.

알코올 중독자 부모 밑에서 성장한 성인아이이며 역기능가정연구의 선구자인 윌슨(Wilson, 1989)이 진술한 것처럼, 순기능가정에는 안전(safety)과 안보(security), 그리고 안정감(stability)이 있다고 그 특징을 요약할 수 있을 것이다. 순기능가정에서 자라는 아이는 아버지가 담배를 입에 물고 자다가 집에 불이 날지 모른다는 두려움을 느낄 필요가 없다. 그는 성폭행이나 신체적 구타, 정서적 유리에 대한 두려움을 느끼지 않고 생각과 느낌에 대하여도 안전감을 느낀다. 안전이 자녀가 살 수 있다는 보장을 해주는 것이라면 안보는 자녀가 하나의 어린이로서 그의 어린시절을 살 수 있다는 확신을 제공하는 것이다. 건강한 부모는 자녀에게 그의 나이에 맞는 책임을 부여한다. 자녀가 경험하는 안전과 안보는 부모가 변덕스럽게 변하지 않고 일관성 있고 책임감 있는 행동을 하기 때문에 내일이 있으리라는 안정감을 제공한다.

성인아이는 부모의 일관성 없음(inconsistency)과 예측할 수 없음(unpredictability), 그리고 현장부재(unavailiability)로 인하여 시달리게 된다. 순기능가정에도 갈등이 있지만 상호존중과 솔직함으로 해소된다는 확신이 있으며, 긴장과 불안과 소리 높임과 울음이 있을 수 있지만 매일 그런 일이 있는 것은 아니며 슬픔과 절망감이 있을 수 있지만 늘상 있는 것이 아니다. 따라서 순기능가정에는 신체적 안전과 심리적 안정감이 있다는 것이 두드러진 특징이라 할 것이다.

역기능가정의 특징

역기능가정은 순기능가정의 반대되는 가정이다. 역기능가족에는 순기능가족에서 발견되는 용납과 개방과 긍정적 분위기, 의사소통, 사랑과 즐거움의 공유 등이 결여되어 있다. 많은 경우, 역기능가족은 가정부재와 지배적인 태도, 병과 죽음, 또는 유기와 이혼으로 인해 건강하고 긍정적인 역할을 수행하지 못했던 역기능적인 남편/아버지의 산물이다(Wright, p. 61).

건강한 가정의 아이들은 가정에서 안정감과 사랑을 느낀다. 그러나 포워드(Forward, 1990)가 「이런 사람이 무자격 부모다」에서 지적한 것처럼, 알코올 중독자, 통제하는 부모, 말로 학대하는 자, 육체적 학대자, 성적 학대자가 가정에 있을 때 그 가정은 역기능적 특성을 드러낸다. 반 크리브, 버드, 리벨(Van Cleave, Byrd, Revell, 1987)은 알코올이나 마약 못지 않게 우리의 몸과 마음과 영혼에 해를 끼치는 "통제할 수 없고 충동적인 행동"을 수반하는 중독으로 과식, 일중독, 문란한 성행위(자위, 환상, 포르노), 이단사교집단심취(cultism), 도박, 운동, 충동적 쇼핑, 취미생활, 종교중독(건전치 못한 신앙생활)을 열거했다.

역기능적 가정은 부모간의 연합이 대단히 취약하여, 가정에 지도력이 없고 자기 권한을 행사할 줄 모르며, 누가 부모이고 누가 아이인지 구별하기 어렵다. 온화하고 따뜻한 사랑의 결여, 일관성 없는 가정규칙을 따르려는 데서 오는 혼란, 권력 구조적 변화, 왜곡된 의사소통 등이 혼란을 가중시키는 것이 역기능가정의 특징이라 하겠다(Goldenberg & Goldenberg, 1988, p. 68).

역기능가정은 일관성 없는 훈계와 사랑, 부적절하게 표현된 감정, 부모 자녀 사이의 무너진 경계, 부정직한 의사소통, 폐쇄체계적인 사고방식, 긴장과 초조, 낮은 자존감, 그리고 지연된 발달로 특징지어지는데, 이 중 어떤 것이 더 두드러지게 나타날 수도 있다(Grayson & Johnson, 1991).

역기능가정도 여러 가지 면에서 순기능가정과 비슷한 점이 있다. 가족구성원이 보통 열심히 일하고 행복하기 위해 열심히 노력하고 사랑하고 사랑받기를 원한다. 그러나 중독자의 가정은 부인(denial)이라는 가면 뒤에 절망(despair)이라는 열매를 키우는 밭이 되고 있다. 따라서 역기능가정은 많은 문제를 공유하고 있다. 브래드쇼(Bradshaw, 1988)와 그레이슨과 존슨(Grayson & Johnson), 그리고 슬레지(Sledge, 1992)는 역기능가정의 특징을 다음과 같이 요약했다.

(1) 역기능가정은 정서적으로 문제가 있는 가족에게 주의를 집중시킨다. 부모 중 한 사람이 "폭군아이"(King Baby)로서 역기능가정을 다스린다. 정서적으로 문제가 있는 가족은 중독적이고 충동적인 인격일 가능성이 높다. 이들은 폭군처럼 자신의 소원을 가족에게 강요하고, 어린아이처럼 자기의 욕구를 충족시키려 한다. 자기 뜻대로 되지 않을 때 가정은 수라장처럼 변한다. 이들의 충동적인 성격은 다음같이 여러 가지 형태로 표현될 수 있다.

알코올 중독(alcoholic). 알코올 중독자는 알코올에 중독되어 있는데 모든 가족이 이를 알고 있을 수도 있으나 이것이 비밀로 남아 있을 수도 있다. 알코올 중독자가 술을 중단하면 그 공백을 메우기 위하여 흔히 다른 충동적 행동을 채택하게 된다.

마약 또는 약물중독(drug addict). 그는 불법적인 마약에 중독될 수도 있고 약국이나 병원에서 처방하는 약에 중독될 수도 있다. 담배나 초콜릿, 카페인이 고통을 제어하거나 힘을 북돋우거나 긴장을 완화하기 위해 정기적으로 사용되면 그것이 충동적 행동으로 굳어질 수 있다(Grayson & Johnson, p. 105). 의사는 진정제나 흥분제를 처방해 줌으로써 본인도 의식하지 못하는 사이에 중독을 부채질할 수 있다. 가정에서 흔히 쓰는 신나나 휘발유, 본드 등 독성이 있는 흡입물질도 중독으로 발전해 환각작용을 일으키거나 신체에 심각한 해를 미칠 수 있다.

분노중독(rageaholic). 분노중독자는 다른 식구들에게 정서적 고통과 신체적 아픔을 야기시키는 폭발적인 분노에 의하여 특징지워지는 사람이다.

일중독(work addict). 일중독자는 일을 사랑하는 사람이 아니라 일과 관계없이 충족되지 않은 욕구로 인하여 충동적으로 일에 몰두하는 사람이다. 종종 직장에서 성공했다고 칭찬을 받는 사람이지만, 가정에서는 찾아보기 어려운 사람이다. 열심히 일하는 것은 긍정적 미덕이기 때문에 가족도 일중독자에 대하여 혼란스런 감정을 느끼고 있다. 가정에 더 관심을 가져주기를 원하면서도, 동시에 물질적 보상을 원하는 마음이 교차하기 때문이다. 그레이슨과 존슨(Grayson & Johnson, 1991)은 일중독의 대상이 교회 일일 경우에는 일중독이 "기독교적인 죄"(Christian sin)가 될 수 있다고 주장했다.

성중독(sex addict). 성중독은 여러 수준의 강도에서 일어날 수 있다. 충동적인 자위행위, 반복적인 (동성 또는 이성간의) 문란한 성관계, 외설적인 포르노, 매춘에 중독된 사람도 있고, 참된 정서적 친밀감을 회피하는 성관계를 상대를 바꿔가면서 계속할 수도 있고, 성적으로 어린아이를 폭행하고 희롱할 수 있으며, 불쾌한 노출에서부터 강간이나 근친상간, 성폭력에 이르기까지 다양하게 나타날 수 있다.

음식중독(eating disorders). 충동적 과식이나 폭식, 또는 음식 먹는 것을 거부하는 거식증이 여기에 해당한다. 이러한 사람들은 감정이나 사람들을 통제하기 위하여 음식과의 관계를 이용한다. 너무 적게 먹는 사람이 있는가 하면, 너무 많이 먹는 사람도 있다. 많이 포식하고 억지로 토하는 사람도 있다.

소비중독 또는 도박중독(spending/gambling addict). 어떤 사람은 충동적으로 도박을 하고, 너무 적게 쓰거나 너무 많이 소비하는 사람도 있다. 어떤 이들은 복권이나 비디오 게임에, 경마나 운동경기내기에 중독되어 있다.

종교중독(religion addict). 모든 신앙에는 종교중독자가 있다. 종교중독자는 충동적으로 종교적인 활동을 되풀이한다. 적극적으로 예배에 참석하고, 종교서적도 읽으며, 기도할 수도 있다. 그러나 그는 정서적, 영적 건강을 누리지 못하고 있다. 그는 자신의 감정과 유리되어 있으며 그의 영적 경험은 피상적이다. 겉으로는 새벽기도와 같은 행위를 되풀이하면서도 내면적으로 반발심을 가질 수도 있다. 정서적 "흥분상태"를 유지하기 위하여 교회활동에 열중하거나, 좋아하는 성구를 되풀이해서 읽거나, 종교방송을 시청한다. 어떤 이들의 종교중독은 율법주의적이고 완전주의적인 종교생활로 나타날 수 있고, 교회 일에 몰두하거나 지도자에게 모든 것을 상의해야 하는 것으로 나타날 수도 있다.

이와 같은 것에 중독되지 않은 "폭군아이" 부모는 스트레스나 관계, 만성병, 이혼(부부싸움), 교회, 권력, 담배, 설탕, 소금, 카페인, 돈, 또는 텔레비전에 중독된다(Grayson & Johnson, p. 30). 부모가 충동적으로 하는 것이 무엇이든 삶의 중요한 과제로부터 관심을 앗아가는 이런 것들은 자녀에게 영향을 미친다. 중독의 대상이 무엇이든지 간에 충동적이고 중독적인 성격의 모든 공통점은 이들이 나머지 식구의 관심의 초점이 된다는 것이다. "아빠를 기분좋게 해라. 그러면 술을 안하실지도 모르지." "엄마를 기분좋게 해드려. 그러면 화를 안내실지도 모르니까." 이와 같이 역기능적 가정생활은 중독자를 중심으로 맴돌게 된다.

> 어떤 행동이 충동적인지를 판별하는 방법 중의 하나는 (가) 그 행동이 본인에게 거짓된 안락감과 우월감 또는 능력감을 주는가, (나) 그 행동이 나와 다른 사람에게 해를 끼치는가, (다) 그 행동이 중독싸이클, 즉 몰두, 의식화, 행동, 죄책감의 순환을 계속하는가를 물어보는 것이다(Grayson & Johnson, p. 112).

(2) 역기능가정은 명백하게 존재하는 문제를 부인한다. 공개된 비밀은 역기능가정을 얼어붙은 채로 있게 하는 거짓의 한 부분이다. 공개된 비밀에 관하여는 모든 사람이 모르는 척하기로 했음을 안다. 음주나 노름을 지속시키기 위하여는 이를 정당화하는 방법과 동시에 이를 부인하는 방법이 필요하다. 직장에서의 스트레스나 가정 내의 잔소리 등에는 핑계가 있다. 중독자는 "내 문제는 중독의 결과이다" 하고 고백하는 대신, "나에게 문제가 있기 때문에 술을 마신다"고 말한다. 현실을 부인하고 왜곡하여 문제가 있음을 시인하지 않기 때문에 결코 문

제가 해결되는 적이 없다. "우리 집안에는 알코올 중독자가 한 명도 없습니다." 이러한 가정은 식구들에게 (있는 그대로) 인식하고 느끼고 생각하고 선택하고 상상할 자유를 주지 않는다.

　　이러한 가정에서 성장한 성인아이에게는 자신의 "근원가정"(family of origin)에 대하여 비판적으로 생각하거나 말하는 것을 꺼리는 성향이 있다. 그는 다음과 같은 이유로 가족의 비밀을 공개하는 것에 대하여 불충하다는 느낌을 가질 수 있다 (Sledge, 1992, p. 12).

> 훌륭한 자녀는 부모를 공경한다.
> 나의 부모는 결함이 있었지만 나를 사랑했다.
> 내가 나의 가족에 대하여 나쁜 말을 하거나 생각하면, 나는 가족을 배신하는 것이다.
> 내가 가족에 대하여 나쁜 생각을 하거나 말하면, 나는 부끄러움(수치심)을 느끼게 될 것이다.

　　역기능가정은 무엇인가 감출 것이 있기 때문에 말하지 말라는 규칙을 필요로 한다. 이 "말하지 말라는 규칙"은 가족에게 마치 아무 일이 없는 것처럼 보이게 도움을 줄 수 있다.

　　윌슨(Wilson, 1989)은, 예를 들어 알코올 중독으로 인한 역기능가정에 모든 식구들이 순종해야 하는 다음과 같은 "부인규칙"(rules for denial)이 있다고 지적한 적이 있다.

　　가. 부모의 알코올 사용은 이 가정생활에서 가장 중요한 것이다.
　　나. 알코올은 가족문제의 원인이 아니다.

다. 알코올 중독자는 그의 약물의존에 책임이 없다.
라. 어떤 대가를 치르더라도 현상은 유지되어야 한다. 자녀는 평형을 유지하기 위해 여러 역할을 분담한다.
마. 가정 내의 모든 식구는 조력자가 되어야 한다. 조력자는 중독자가 그의 행동의 결과를 경험하지 못하도록 도와주는 사람이다.
바. 가정 안에서 진짜 일어나고 있는 일에 대하여 식구 중 누구도 서로 또는 외부인과 상의하여서는 안된다.
사. 누구라도 자신이 진정으로 느끼는 바를 말해서는 안된다.

(3) 역기능가정에는 친밀감 공백(intimacy vacuum)이 있게 마련이다. 구성원들은 서로 거리감을 느낀다. 성인아이들은 감정을 의식하고 식별하며 표현하는 데 커다란 어려움을 겪는다. 언어적 폭력과 신체적 폭력, 성폭력은 진정한 친밀감을 불가능하게 한다.

(4) 역기능가정은 수치심에 기반을 두고 있다. 역기능가정의 자녀는 낮은 자존감을 소유하고 있다. 부모로부터 인정받거나 격려받지 못했기 때문이다. 수치심을 전가시킴으로, 자녀의 감정은 중요하지 않다고 가르침으로, 서로를 보살피지 못함으로, 자녀의 자존감을 떨어뜨린다. "잘했다"는 말을 듣는 적이 거의 없고 성취감을 느끼지 못한다. 아무리 노력해도 무시당하기 쉽고 비판을 받는다. 부모는 수치심을 느끼지 않는 것처럼

행동하고, 자녀들은 가정에 대해 수치심을 느낀다. 자신에 대해 갖고 있는 감정, 생각, 자기가치에 대한 평가를 할 때 자기 가치감과 자기 존중감정 수준이 낮다. 역기능가정에서 자라난 성인 아이들은 자기혐오와 타인불신, 그리고 수치심(the sense that I am a mistake rather than that I make mistakes)을 공유하고 있다.

(5) 역기능가정은 자녀에게 파괴적이고 경직된 역할을 하게 만든다. 가족체계의 필요에 따라 역할이 생겨난다. 자녀는 그들의 역기능적 가족 안에 존재하는 혼란에 대처하기 위한 방법을 찾게 된다. 자녀는 가족체계의 필요를 돌아보기 위해 그들의 현실을 포기한다. 속죄양이 된 자녀는 자기 자신을 희생시키는 한이 있더라도 가족을 손상시키지 않기 위해 투쟁하는 것이다. 속죄양이 된 사람은 가족이 어떤 식으로 낙인찍느냐(마스코트, 버르장머리 없는 녀석, 멍텅구리, 천치, 바보, 사기꾼, 꾀병장이, 허풍선이, 약한 녀석)에 따라 여러 가지 증상을 나타낸다(Goldenberg & Goldenberg, p. 91). 속죄양(문제아)은 흔히 가족의 문제에 대해 비난을 받아 책임을 떠맡게 되며, 영웅은 가족의 명예를 위해 열심히 일을 한다. 대리 부모는 정서적으로 부재중인 배우자의 역할을 대행하며, 적응을 함으로 대처하는 모범생은 문제를 일으키지 않는다.

크리스찬 심리학자 라이트(Wright, 1992)는 부모에 의하여 욕구가 충족되지 않는 고통에 대처하는 방편으로 가족은 Doer, Enabler, Loner, Hero, Mascot, Manipulator, Critic, Scapegoat, Daddy's Little Princess or Mommy's Little Man, Saint

등 10가지 중 하나의 역할을 담당하게 된다고 설명하였다.

(6) 비분화된 가족자아집합체(undifferentiated ego mass)로 인하여 역기능가정은 감정의 표현을 제한한다. 역기능적 가정의 부모는 그들의 감정을 극단적으로 표현한다. 이웃아이가 심부름을 잘 했다고 크게 기뻐할 때가 있는가 하면, 찾는 물건이 제자리에 없다고 진노한다. 어머니가 겁에 질려 있으면, 모두 겁에 질린다.

감정을 표현하여 부모의 분노를 촉발한 아이는 위로를 받지 못하여 먹는 것이나 텔레비전, 또는 중독으로 도피한다. 자녀가 깊은 감정을 표현하면, 그의 감정은 무시된다. 예를 들어, "사내자식이 아무것도 아닌 것을 가지고 울어. 뚝 그치지 못해." "그 정도 아픈 것은 참을 수 있지"라고 말하여 감정표현을 제한하기도 한다.

(7) 역기능가정은 식구들의 개인적 필요를 충족시킬 수 없다. 역기능가정의 부모는 서로 격려하지 않는다. 함께 보내는 시간이 별로 많지 않은데, 함께 했다 하면 서로 싸운다. 다른 식구는 냉전상태에서 서로 평화공존할 뿐이다. 어쨌든 부모는 정서적 이혼상태에 있다. 개인은 체계 전체를 위해 자신의 욕구를 희생한다. 언제나 낮은 수준의 분노와 우울한 감정이 깔려 있다. 역기능가정에는 방치(neglect)와 폭력(abuse)의 행동유형이 두루 나타나고 있다. 부모들은 정서적으로 사랑하고 한계를 정해주고 지적 발달을 격려하기를 소홀히 하거나, 의식주를 제대로 마련해주지 못하거나, 성에 대한 교육도 태만히 하는 경

향이 있다.

(8) 역기능가정의 대화는 혼란스럽다. 역기능가정의 의사소통은 비밀스러움과 불분명한 메시지, 그리고 반복에 의하여 특징지어지고 있다. 자녀가 아무리 부모와 이야기를 나누고 싶어도 어떤 화제는 아예 금기시된다. 삼촌이 정신병원에 갔거나 누나가 아이를 낳다 죽었어도 자녀는 아무것도 모를 수 있다. 대화스타일은 공개적인 갈등이거나 "의견을 결코 달리하지 않기로 합의하는 것"(conflunce)이다.

역기능가정에서의 대화는 양극단에 치우쳐 있어, 아무 말을 안하든지 소리를 지르는 쪽으로 기운다. 의사소통이 간접적이고 애매모호하며 정직하지 못하고 표현능력이 부족하다. 부모는 실수를 해도 이를 시인하지 않기 때문에, 자녀는 모든 것이 자신의 잘못이라고 생각하게 된다.

(9) 경직된 가족규칙이 역기능가정을 지배한다. 가족들이 느끼고 행동하는 데 기초적인 규범이 되는 가족규칙이 경직되어 비인간적이며 비타협적이고 바꿀 수가 없다. 일찍이 클라우디아 블랙은 역기능가정에 거의 보편적으로 나타나는 세 가지 규칙을 식별해 낸 적이 있다. "말하지 마라, 신뢰하지 마라, 느끼지 마라"가 그것이다. 이러한 규칙은 대개 통제와 완전주의 그리고 비난으로 발전한다.

감정에 대한 역기능가정의 세 가지 규칙은 다음과 같다. 첫째, 어떤 감정은 괜찮고 어떤 감정은 표현해서는 안된다. 예를 들어, 슬픔을 표현하는 것은 안되나 화를 내는 것은 괜찮다.

둘째, 같은 감정이라도 어떤 때는 괜찮고 어떤 때는 안된다. 어제 허락된 감정이 오늘은 비난을 받는다. 자녀는 왜 그런지 이유를 알 수 없다. 셋째, 어떤 감정은 가족 중 특정인에게는 허락되고, 다른 가족에게는 허락되지 않는다. 예를 들어, 아버지는 화를 내도 된다. 그러나 아이들은 안된다.

(10) 역기능가정은 외부세계에 대하여 폐쇄적이다. 외부사회와 관계를 맺는 것을 두려워하고 회유적이며 책임전가적이다. 각자가 가정을 지배하는 문제를 통제하기 위해, 그리고 문제를 숨기기 위해 자기 역할을 한다. 각자가 자신의 역할을 수행하도록 체계는 고정된 채 그대로 있다는 데 역기능가정의 딜레마가 있다.

(11) 절대적이고 과대 망상적 의지로 인하여, 모든 식구들의 의지가 기능을 할 수 없게 되었다는 데 역기능가정의 비극이 있다. 갈등과 좌절의 부인은 개인으로 의지를 발휘하게 하는 상황을 만든다. 이는 그에게 문제에 대해 무엇인가 한다는 착각에 빠지게 만든다.

(12) 역기능가정은 피차의 경계를 무시하고 침범한다. 어떤 부모는 자녀의 "공간"을 침범해 그들의 세계를 지배한다. 자녀를 중심으로 생활을 이어가며 그들의 관계망 속에 융화된다. 따라서 자녀가 성장하면 그를 독립시킬 수가 없다. 늘 부모가 생활을 통제했기 때문에 자녀는 성인이 되었을 때, 어떻게 책임을 지고 독립할 수 있는지를 모른다. 역기능가정의 구성원들은 가족체계를 유지하기 위해 그들의 자아경계를 포기한다. 자

아경계를 포기하는 것은 자아정체감을 포기하는 것과 같다.

역기능가정의 한 가지 속성은 그들이 여러 세대에 걸쳐 지속되는 다세대과정(multigenerational process)의 한 부분이라는 것이다. "역기능적 개인과 결혼하는 역기능적 개인은 역기능적 가정출신이다. 순환고리는 끊어지지 않는 성향이 있다. 역기능적 가정은 역기능적 인간을 만들어 내 또 다른 역기능적 인간과 결혼하게 함으로 새로운 역기능가정을 낳는다"(Bradshaw, p. 62). 그러면 역기능가정에서 자라난 "성인아이들"은 어떤 특징을 지니는가?

성인아이의 공통된 특징들

부모가 중독자일 때, 자녀가 가장 큰 피해(고통)를 입는다. 역기능가정에서는 자녀와 배우자가 "폭군아이" 부모를 견디면서 돌보아준다. 이들은 그 문제부모의 충동적 중독행동에 맞추어 행동하고 반응하기 때문에 "동반중독자"가 된다. 가족체계이론에서 말하는 대로 나머지 식구는 문제부모를 기쁘게 하고 보호하려고 노력하는 가운데 모두 동반중독자(codependent)가 되는 것이다. 중독자와 다른 가족 사이의 관계와 상호작용을 "종속의존관계"(codependency)라고 한다.

종속적 의존관계에 있는 자녀가 경험하는 정서적 피해는 사랑하는 사람의 상실, 신뢰의 상실, 그리고 정상적 기준의 상실 등 세 가지 분야의 상실로 나타난다. 역기능가정 출신의 자녀들은 일정한 행동과 태도상의 특징을 지니는 것으로 밝혀지고 있다. 성인아이는 적어도 네 가지 분야, 즉 사람을 신뢰하고, 감정을 처리하고, 우울감을 느끼고, 책임감을 다루는 데 있어서 문제가 있음을 고백하고 있다(Sell, 1989, p. 33). 이러한 특성은 어릴 때 시작되어 성인기로 이어지는데, 이러한 "성인아이"의 특성은 청소년기에 있는 "성인아이"를 이해하는 데 많은 도움을 줄 수 있다. 워이티즈(Woititz, 1983)는 성인아이의 문제를 다음과 같이 요약하고 있다.

- "정상적인 것"이 무엇인지에 대해 혼돈하고 있다.
- 일이나 과업을 완수하는 데 어려움을 겪는다.
- 그럴 필요가 없는데도 충동적으로 거짓말을 한다.
- 자신에 대해 지나치게 비판적이다.
- 자신에 대해 너무 심각하며 재미있는 시간을 갖는 데 어려움을 겪는다.
- 성인으로서 친밀한 관계를 맺는 데 어려움을 겪는다.
- 자신의 생활을 통제할 필요를 강하게 느끼는데, 뜻대로 안되면 지나친 분노를 느낀다.
- 평생 동안 인정과 칭찬을 받는 것에 대하여 강박적인 욕구를 가지고 있다.
- 다른 사람과 스스로 다르다는 느낌이 있다.
- 지나치게 책임감이 강하거나 지나치게 무책임하다.
- 그럴 이유가 없는데도 자신을 학대하는 부모에게 충성한다.
- 가끔 충동적인 행동을 해서 이미 있는 문제를 더 악화시킨다. 뿐만 아니라 이들은 "엉망 진창된 현장을 치우느라" 엄청난 에너지를 소비한다.

어떻게 사람을 변화시킬 수 있는가?

페린(Perrin, 1984)은 여기에다 일곱 가지 특징을 첨가했다.

(1) 그들은 지연된 만족보다 즉각적 만족을 추구한다.
(2) 그들은 긴장과 위기를 구하고는 그 결과에 대하여 불평한다.
(3) 그들은 갈등을 조장하나 이를 처리하려 하지 않는다.
(4) 그들은 거절과 버림받음을 두려워하면서도 다른 사람들을 거절한다.
(5) 그들은 실패를 두려워하면서도 자신의 성공을 사보타지(일부러 방해)한다.
(6) 그들은 비판과 판단을 두려워하면서도 다른 사람들을 비판하고 판단한다.
(7) 그들은 시간을 잘 관리하지 못하면서도 자신을 위하여 일이 잘 되도록 우선순위를 정하지 않는다.

알코올 중독자의 성인아이들의 특징 개관

정신적	정서적	신체적	관계적
혼란	두려움	편두통	불신
기억상실	죄책감	위궤양	친밀감문제들
전부 또는 전무	수치심	근육긴장	위기지향적
완전주의	우울증	수면장애	재미보기 어려움
우유부단	슬픔	스트레스증상	지나친 의존
과잉경계	분노, 격분	음식장애	잘못된 행동인내
충동적 사고	외로움	알레르기	조종적
자기비하	불안, 공포	화학의존	지나친 책임감
자기혐오	둔감	성장애	인정중독

한편 이혼가정의 성인아이현상을 집중적으로 연구한 하트(Hart, 1991)는 어린시절에 부모의 이혼을 경험한 사람은 성인이 되어서 정서적으로, 관계적으로, 신체적으로, 그리고 학업이나 직업생활에서 다음과 같은 결과를 겪게 된다고 보고하고 있다.

정서적 결과. 낮아진 자존감으로 고생하며, 우울증에 걸리기 쉬우며, 늘 막연한 불안에 시달리며, 갈등에 쉽게 말려들며, 권태를 잊기 위해 TV나 영화 및 기타 공상적 미디어에 심취하기 쉬우며, 백일몽을 꾸며, 위험과 고통, 그리고 빠른 변화를 피하며, 개인적 문제에 직면하며, 정서적으로 마비상태를 경험하며, 분노를 통제하는 데 어려움을 겪는다.

관계적 결과. 자주 거절당한 기분을 느끼며, 주변사람이 화를 내면 자기 탓이라고 책임을 떠맡으며, 갈등을 처리하지 못하고, 의사소통에 어려움을 겪으며, 지속적인 관계를 맺기가 어렵고, 종종 외로움에 시달리고, 상처를 받지 않는 것이 우선순위 중 하나가 된다.

신체적 결과. 만성적인 무력감을 느끼며, 위장계통의 혼란이나 두통, 그리고 다른 신체적 스트레스 증상을 경험하며, 자연진정제로서 음식을 과식하거나 거식하는 성향을 나타낸다.

학업 및 직업적 결과. 결정하는 데 어려움이 있고, 모호한 자아정체감을 지니며, 인생을 너무나 심각하게 생각하거나 대수롭지 않게 취급하며, 자신의 수행과 실적에 대해 계속 다른 사람의 인정을 추구한다.

성인아이들에 대한 연구는 역기능가정 출신의 성인아이들에게 일정한 공통된 행동특성이 있음을 드러내고 있다. 비록 일반인도 이러한 행동특성을 나타낼 때가 있지만, 역기능가정 출신의 사람들에게서 이러한 특성이 더 많이 발견되는 것은 의심할 여지가 없다(Friends in Recovery, 1988).

알코올 중독 가정의 성인아이들만을 연구한 윌슨(Wilson, 1989)에 의하면, 성인아이들은 정신적으로 혼란증세를 보이며, 전부 아니면 전무라는 식의 사고를 하는 것이 특징이며, 정서적으로는 거절, 실패, 상실, 연약함 등에 대한 두려움, 거짓된 죄책감과 존재에 대한 수치심, 아동기의 상실로 인한 슬픔(우울감), 분노와 정서적 둔감이 특징으로 나타나며, 관계적으로 사람을 불신하여 이혼율이 높으며 (32% 대 9.7%), 위기지향적이어서 재미있게 노는 것을 감당할 수 없는 것이 공통점으로 나타나고 있다.

하트(Hart, 1991)는, 이혼한 가정의 성인아이들은 낮은 자존감, 잦은 울음소동, 끊임없는 걱정, 더 많은 불면증, 죄책감, 무가치감과 절망감을 보고하고 있다고 지적했다. 이들은 혼자 있을 때, 두려움과 불안, 그리고 분노를 느낀다.

지금까지의 연구결과를 종합하면, 역기능가족의 성인아이들은 소외감, 자기정죄의식, 긴장감, 불신, 왜곡된 하나님관의 영역에서 다음과 같은 특징을 드러내고 있다고 할 수 있다.

소외감(alienation)

(1) 성인아이는 흔히 건강한 행동, 정상적인 행동이 어떤 것인지를 몰라 혼란스러워한다. 그들은 "정상적으로" 행동하는 방법에 대하여 혼돈하고 있는데, 그것은 비정상적인 가정에서 사회화되었기 때문이다. 건강한 행동은 그들에게 외국어와 같은 것이다.

(2) 성인아이는 흔히 자신이 다른 사람들과 다른 데가 있다고 느낀다. 그들은 성장과정에서 문제부모로 인하여 당황하거나 수치스러운 감정을 느끼곤 했다. 다른 사람이 그의 가족의 비밀을 모르는데도 성인아이는 수치심을 느끼고 우울하게 느낄 때가 있다.

(3) 성인아이는 종종 버림받는 것에 대한 두려움을 느낀다. 문제부모는 충동적 행동에 몰두하느라, 나머지 부모는 그를 돌아보느라 자녀를 방치할 수밖에 없었다. 그는 일찍이 부모들이 싸우면서 이혼이나 자살을 거론하는 것을 들으면서 혼자되는 것에 대한 두려움을 느끼곤 했다. 그 결과, 성인아이는 너무 의존적인 사람(hyper-dependent)이 되거나 너무 자신을 고립시키는 사람(hypo-dependent)이 된다. 주변 사람에게 투정을 하든지, 자극을 하거나 조종하여 뜻을 이루든지, 아예 다른 사람에게 도움을 요청하지 않는 사람이 되기도 한다.

(4) 성인아이는 친밀한 관계를 어려워한다. 버림받고 거절당하는 것이 너무나 두려워 아예 관계맺는 것을 회피할 수도 있다. 그에게는 부모가 정서적으로 친밀한 관계를 누리는 것을

보지 못했고, 감정을 나누는 것이 허용되지 않았다. 어린시절에 받았던 충격으로 인한 감정을 부인하거나 축소시키거나 억압한다. 따라서 감정을 표현하는 능력을 상실한다. 그는 도움을 요청하기보다 문제를 들어주고 충고하고 도와주는 데 익숙해 있다. 관계가 잘 진전되면 이상하게 느껴진다. 역기능가족에서 오해와 분노어린 고함소리에 익숙한 채 성장했기 때문에 그는 관계를 어렵게 만들어 다시 혼란 속에서 편안함을 느낀다. 불안정하게 느끼고 다른 사람을 신뢰하지 못한다. 분명한 경계가 없어서 다른 사람의 감정과 필요로부터 자신을 개별화시키지 못한다.

(5) 자신을 고립하는 성향이 있으며 다른 사람들, 특히 권위를 상징하는 사람들 주위에서 안절부절못한다. 부모가 정서적으로 접근하기 쉬운 대상이 아니었기 때문이다.

자기정죄의식(self-condemnation)

(1) 성인아이는 자신과 타인을 무자비하게 비판한다. 다른 사람이 어떻게 판단할까, 비웃지나 않을까에 대해 정서적 긴장을 풀지 못한다. 완전주의적 행동을 통하여 남을 돌보는 역할을 함으로 고압적으로 행동하고, 남을 비웃고 험담함으로 자신의 부족감을 감추거나 보상하려고 한다. 계속 자신을 비판하고 다른 사람도 비판해 줄 것을 기대한다.

(2) 성인아이는 인정받기에 급급하다. 너무나 심하게 자신을 정죄하였기 때문에 그는 재다짐과 인정을 필요로 한다.

부모에게 인정을 받지 못한 그는 고용인이나 현재의 상관으로부터 인정을 받기 위해 애쓴다. 그는 어린시절 "폭군아이" 부모의 얼굴을 읽음으로 살아남을 수 있었다. 그는 사람의 얼굴표정만 보아도 그의 생각을 읽을 수 있는 눈치빠른 사람이다. 따라서 성인아이 중 많은 이들이 돕는 직종에서 종사하게 되는 것이다(Grayson & Johnson, p. 75).

(3) 성인아이는 자신에게 상처를 준 사람에게도 충성을 아끼지 않는다. 그는 어릴 때 가족의 비밀을 지켜줌으로 가족에게 충성하는 것을 배웠다. 성인이 된 지금, 그는 다른 사람이라면 포기할 관계나 상황 속에 자신을 방치한다. 피해자의 자리에 있는 것에 익숙해 있기 때문에 자기 주장을 해야 할 때에도 당하고 만다. 자신을 위해 권익을 주장하거나 자기주장적으로 행동하면 죄책감을 느낀다. 자신을 돌보는 대신 다른 사람을 위해 자신의 바람을 포기한다.

긴장감(tension)

(1) 성인아이는 즐거운 시간을 갖는 일에 어려움을 느낀다. 부모의 싸움이 끝날 때를 기다리며 불안해 했던 아이가 성인이 되었지만 즐거운 소풍이 무엇인지, 무엇이 참으로 재미있는 것인지 알 수가 없다. 자유시간을 어떻게 보내야 할지 그는 어려움을 겪는다. 성인아이에게 자유시간은 생각하는 시간이기 때문에 우울하고 불쾌한 생각을 하는 대신 그는 자유시간이 남지 않도록 바쁘게 산다.

(2) 성인아이는 자신을 너무 심각하게 취급한다. 그는 자존감이 너무 낮기 때문에 조그만 비판에도 낙심하고 절망하기를 잘한다. 다른 사람이 가볍게 웃어넘기는 상황에서도 그는 심각해 한다.

(3) 성인아이는 어떤 일을 시작에서 끝까지 마무리하는데 어려움을 겪는다. 어린시절에 긴장과 혼란이 너무나 컸기 때문에 숙제를 끝내지 못할 때가 많았다. 부모가 일을 크게 벌리지만 용두사미로 끝내는 것을 너무 많이 보아왔기 때문에, 성인이 되어서도 마무리짓지 못하거나 마지막 순간까지 연기하는 습관이 있다. 누군가 옆에 있으면 성인아이는 제대로 기능하는 성향이 있다.

성인아이 가운데는 지나치게 책임감을 나타냄으로 과잉반응하는 사람이 있다. 자신을 증명해 보임으로 다르다는 것을 보여주기로 한 것이다. 그가 책임지고 담당하지 않으면 사람들이 그를 망각하고 버릴지도 모르기 때문이다. 다른 사람의 문제를 해결해 주려 하거나, 다른 사람이 자신을 위해 책임져 주기를 기대한다.

불신(distrust)

(1) 성인아이는 스스로 통제할 수 없는 변화에 과잉반응한다. 어린시절 성인아이는 남을 기쁘게 하든지, 싸움을 말리거나 빠지게 함으로, 즉 주변을 통제함으로 생존하는 법을 배웠다. 건강에 이상이 생기거나 새로운 상관을 만나게 되면 극도

로 당황하거나 최악의 결과를 상정하고 계획을 세운다.

(2) 진실을 말해도 되는 상황에서 거짓말을 한다. 역기능가정에서 성인아이는 공개적인 대화가 효험이 없으며 거짓말이 우리의 안전을 지켜준다는 것을 배웠다. 진실을 왜곡함으로 "폭군아이" 부모의 진노를 피해갈 수 있었다. 그런데 이제 성인으로서 그는 화를 모면하기 위해 거짓말을 하거나 사람들의 동정을 사기 위해 문제를 과장하게 된다.

(3) 성인아이는 대안적인 행동이나 결과에 대하여 심사숙고하는 것이 없이 충동적인 행동을 한다. 왜 그래야 하는지 설명할 수 없지만, 감정을 주체하지 못해 관계를 끊거나 기분에 따라 결정을 하고 후회하곤 한다. 몇 번 실수를 한 후에는 충동성을 지양하고 다른 사람을 기쁘게 하려는 욕망과 자기비판, 그리고 지나친 책임감을 분석하느라 결정을 내리는 것이 점점 더 어려워진다.

(4) 성인아이는 습관적으로 중독적/충동적인 사람들과 관계맺는 쪽을 택한다. 정서적으로 건강한 사람에게는 덜 매력을 느낀다. 희생자(피해자)로 생활하면서 사랑과 우정관계에서 다른 희생자에게 끌리고 사랑과 동정을 혼동해 구조해 주어야 할 불쌍한 처지에 있는 사람을 "사랑" 한다.

왜곡된 하나님관(blurred spiritual vision)

역기능가족 안에서 자라게 되면 인생을 뿌연 안경을 통해서 보게 된다. 아무것도 밝고 깨끗한 것이 없다. 심지어는 하나님에 대한 우리의 관점도 흐려져 하나님을 거리가 먼 부당한 분으로 보게 된다. 부모는 하나님의 그림자 역할을 한다. 영이신 하나님은 보이지 않지만, 전능한 것처럼 보이는 부모가 우리의 말을 경청하고 시간을 보내주었다면, 아이는 하나님을 사랑으로 경청하고 시간을 내시는 분으로 보게 된다. 그러나 부모가 약속을 자주 어겼거나 엄격하였다면, 하나님도 믿을 수 없는 무서운 분으로 인식되게 마련이다. 부모의 행동은 의도적이지는 않았더라도 결과는 마찬가지이다. 성인아이의 하나님 상은 부모의 문제에 의해 흐려지거나 왜곡되는 것이다.

시맨즈(Seamands, 1985) 목사가 지적한 것처럼, 부모로부터 받은 대우에 따라 성인아이 하나님 상은 사랑이 많은 분이거나 무관심한 분, 자비롭고 선하신 분이거나 잔인하고 용서할 줄 모르는 분, 믿을 수 있거나 예측할 수 없는 분, 좋은 선물을 주시는 분이거나 기쁨을 빼앗아 가는 분, 긍정하고 격려하는 분이거나 비판하고 지적하는 분, 영접하는 분이거나 거절하는 분, 거룩하고 의롭고 공평하신 분이거나 불의하고 불공평한 분으로 새겨지게 되는 것이다.

나가는 말

지금까지 우리는 가족체계이론에 비추어 순기능가정과 역기능가정의 특징을 살펴보고, 비행청소년이나 정신적으로 건강하지 않은 청소년을 보다 효과적으로 도와주기 위한 방편의 하나로 역기능가족의 성인아이 특성을 개괄적으로 살펴보았다. 교회와 학교는 성인아이의 증상을 나타내는 학생이나 성도들을 어떻게 도와줄 수 있는가?

교회는 가정을 새롭게 이해하고 가정의 회복을 위해 가정과 유기적인 관계를 유지해야 하며, 이혼, 가족갈등, 가족계획, 노인문제, 가정경제, 성교육, 결혼예비교육, 자녀교육, 가족대화 등 가정의 전반적인 문제를 상담하고 교육하는 가정생활위원회 또는 가정사역위원회와 같은 부서를 교회 안에 설치하여 가족을 구체적으로 도와주어야 할 것이다.

그리스도인이 된다는 것은 모든 문제로부터 면제되는 것을 의미하지 않는다. 그리스도인이 되는 순간에 과거의 모든 정서적 고통으로부터 해방되는 것이 아니다. 현대의 기독교는 오랫동안 알코올 중독, 도박, 근친상간, 음식중독, 이혼, 종교중독과 같은 문제를 외면한 채 "성자들의 박물관"과 같은 역할을 했는지도 모른다. 교회는 마땅히 "죄인들을 위한 병원"으로서의 역할을 해야 한다. 교회는 죄인을 위한 병원이어야지, 성자들을 위한 박물관이 되어서는 안된다.

성인아이를 치료하는 가장 좋은 방법은 독서요법과 상담과 지원그룹 안에서의 치료경험이다. 교회가 병원이라면, 지원그룹은 중환자실에 해당한다. 지원그룹에서 성인아이는 (책이나 테이프와 같은) 약품을 발견하게 되고, 적절한 시설(원형으로 둘러앉음)을 발견하며, 잘 구비된 직원들(다른 성인아이들)을 만나게 될 것이다. 지원그룹은 비슷한 처지에 있는 성인아

어떻게 사람을 변화시킬 수 있는가?

이들이 모인 안전한 환경에서 자신의 문제를 솔직하게 드러내 놓고 말할 수 있는 분위기를 제공한다. 감정과 경험을 나눔으로써 우리는 억압했던 고통에 직면하고 고통을 재경험하는 가운데 성령의 도우심을 받아 건강한 인격으로 회복될 수 있다. 성인아이의 치료는 신체적, 심리적, 사회적, 영적 차원을 모두 다루는 전인격적 접근이어야 한다.

존 윔버의 빈야드운동으로 시작된 성령운동이 전세계적으로 확산되면서 예배에 새로운 바람을 불어넣고 있다. 그러나 그레이슨과 존슨(Grayson & Johnson)이 예견하고 있는 것처럼, 성인아이의 회복(치료)운동(recovery movement)은 교회의 판도를 바꾸어 놓은 것으로 전망된다. 우리의 성장과정이 초래한 부작용을 극복하는 과정을 회복 또는 치료라고 부른다. 회복(치료)은 온전한 사람이 되는 과정이다. "육신의 행동"을 벗어버리고 성령의 열매 안에서 성장하는 과정이다(갈 5:19-23).

교회 내의 성인아이치료운동은 1980년대에 접어들면서 미국에서 새롭게 일어나고 있는 운동이다. "우리는 이 운동에서 신뢰와 솔직함, 개방, 수용, 애착, 그리고 감정 처리에 대한 강조를 보게 되리라 기대할 수 있다. 그리스도인들은 수치심과 문제에 대한 간결한 해결책을 받아들이기를 거부할 것이다"(p. 147).

성인아이 치유그룹은 첫째 과거의 상처를 다루는 법을 배워야 하고, 둘째 충동적 행동이나 중독증을 극복해야 하며, 셋째 가해자를 용서하고 분노를 해소하는 법을 배운다는 세 가지 목표를 지닌다. 이를 위해 성인아이에게는 과거의 고통에 직면할 수 있는 용기가 필요하고, 그 고통을 재해석할 수 있는 성령의 도우심이 필요하며, 그에게 고통을 안겨준 부모를 용서할 수 있는 사랑이 필요하다(Benner, 1993).

치유는 영적, 심리적, 정서적, 사회적, 생리적 측면을 포함하는 전인격을 포함하는 것이며, 고통스런 기억을 다루고, 충동적인 성향과 싸우며, 분노를 처리해야 하는 평생 지속되는 과정이며, 후천성 장애자가 휠체어를 타고 사회에 재적응하는 것과 비슷한 과정이다. 이와 같은 목표는 기도와 성경읽기만으로 달성될 수 있는 것이 아니다. 교제와 성령충만한 예배가 병행되지 않으면 진정한 치유와 회복은 이루어질 수 없는 것이다.

어떤 가정상담자들은 역기능의 굴레를 깨뜨리는 데 3단계 접근이 필요하다고 제안하고 있다. 첫째, 상담자는 역기능가족이 '감정표현' (emotional expression)을 할 수 있도록 도와주어야 한다.

감정이 있음을 인정하고 억압되었던 분노와 수치심, 슬픔, 그리고 상처의 감정을 표현하도록 도와주는 것이다. 이때 상담자는 내담자가 감정표현을 보복심이나 적개심으로 발전시키지 못하도록 중재할 필요가 있다. 분노가 적개심으로 발전하면 모든 식구는 더 많은 좌절감을 느끼게 되기 때문이다.

둘째, 상담자들은 가족이 '인지적 재구성' (cognitive restructuring)에 참여하도록 돕는다. 이는 문제가 어떻게 시작되었는지를 깨닫게 하며, 가족들이 문제악화에 어떻게 기여하고 있는지를 이해하게 하며, 생각과 행동이 어떻게 변화되는지를 가르쳐 주는 것을 의미한다. 인지적 재구성 과정의 일환으로, 가족은 하나님에 대한 보다 건전하고 현실적인 개념을 습득할 필요가 있으며, 창조주와의 친밀한 관계를 통하여 하나님이 우리를 보시는 것처럼 우리 자신을 볼 수 있어야 한다. 왜곡된 신관을 바꾸어 주는 것이 근본적인 치유를 가져다 줄 수 있다. 부모가 잘못 심어준 하나님 상(God image)은 하나님의 진정한 모습과 다를 때가 많기 때문이다. 무자비하고 용서할 줄 모르는 하나님 상이 자비로우시면 은혜로우시며 용서하기를 즐겨하시는 하나님 상으로 바뀔 때 가족의 일그러진 자아상에는 근본적인 변화가 일어날 수 있는 것이다.

셋째, 상담자들은 가족이 '행동적 변화'(behavioral change)를 경험하도록 도와주어야 한다. 이는 내담자 가족에게 새로운 대화기술을 가르치고, 자기절제를 습득하도록 도와주고, 파괴적인 관계를 청산하도록 유도하며, 중독증상을 버리도록 격려하는 것을 의미하는 것이다. 사람은 지적하고 책망하며 비판하는 분위기보다는 믿어주고 인정하고 칭찬하는 분위기에서 새로운 변화를 경험한다. 지원적인 관계 속에서 강화되는 행동은 되풀이될 가능성이 높다. 문제의 유형이 어떤 것이든 간에, 우리는 가족이 지원적이고 예배적인 성도들의 교제권에 참여할 때에 더욱 효과적인 치유가 일어난다는 것을 기억할 필요가 있다.

그리스도인 교사와 목회자들은 그들에게 맡겨진 학생과

교인들 가운데 역기능가정의 성인아이들이 순기능가정 출신보다 많다는 현실을 직시하고, 성인아이문제를 다루는 다양한 책을 통해 역기능가정의 역동을 새롭게 이해하고 고통하는 이들을 치유회복시키는 일에 관심을 기울여야 할 것이다.

참고도서목록

Goldenberg, Irene & Goldenberg, Herbert.「가족치료」. 장혁표 · 제석봉 · 김정택(공역). 중앙적성출판사, 1988.

기독교연합봉사회 대전직할시 청소년상담실.「대전청소년 의식구조 조사연구 보고서」. 1992.

기독교윤리실천운동본부.「기독교 가족상담」. 대한예수교장로회 총회출판국. 1992.

김광일 · 원호택 · 김이영 · 김명정. 고등학교재학생의 정신건강 실태조사 1.「정신건강연구 1집」. 서울: 한양대학교 정신건강연구소, 1983.

동아일보. (1992. 1. 30).

동아일보. (1996. 3. 11).

조선일보. (1995. 2. 20).

미실다인, 휴「몸에 밴 어린시절」. 이종범 · 이석규(공역). 카톨릭출판사, 1987.

사티어, 버지니아.「사람만들기」. 성문선 · 송준(공역). 홍익제, 1991.

셀, 찰스.「아직도 아물지 않은 마음의 상처」. 정동섭 · 최민희(공역). 두란노서원, 1992.

송성자.「가족관계와 가족치료」. 홍익제, 1987.

슬레지, 팀.「가족치유 · 마음치유」. 정동섭 역, 요단출판사, 1996.

시맨즈, 데이비드.「상한 감정의 치유」. 송헌복(역). 두란노, 1991.

심응철. "청소년 문제의 일반적 경향"「쉽게 아물지 않는 상처」. 서울특별시 교육연구원, 1988.

우리누리 지음.「아이들에게 상처를 주는 101가지 말과 행동」. 한뜻, 1995.

이정섭. "학생폭력과 가정환경"「쉽게 아물지 않는 상처」. 서울특별시교육연구원, 1988.

장휘숙.「가족심리학: 가족관계의 발달」. 서울: 박영사, 1995.

최현주.「위장된 분노의 치유」. 규장문화사, 1995.

포워드, 수잔.「이런 사람이 무자격 부모다」. 이동진(역). 삼신각, 1990.

홍숙기 · 이인혜 · 최윤미.「젊은이의 정신건강」. 박영사, 1992.

Beavers, W. R. *Psychotherapy and growth: Family systems perspective*. New York: Brunner/Mazel, 1977.

Beavers, W. *Healthy, midrange, and severely dysfuctional families*. in F. Welsh(Ed). *Normal family processes*. (pp. 45-66). New York: Guiford, 1982.

Benner, David. *Healing of emotional wounds*. Grand Rapids, MI: Baker, 1993.

Bradshaw, John. *The family: A revolutionary way of self-discovery*. Deerfield Beach, Fl: Health Communications, 1988.

Chung, D. S. (정동섭). *Parenting behaviors, Christian influences,* family relationships and adolescent self-esteem in Korea. Unpublished doctoral dissertation. Trinity Evangelical Divinity School, 1996.

Cogsgrove, Mark & Mallory, James. *Mental health: A Christian approach.* Grand Rapids, Michigan: Zondervan, 1977.

Collins. Gary. *Family shock.* Wheaton. Il.: Tyndale, 1995.

Curran, Dolores. *Traits of a healthy family.* New York: Ballantine, 1983.

____. *Stress and the healthy family.* Minneapolis, Minnesota: Wonston Press, 1985.

Foley, Vincent D. Family therapy. In Raymond Corsini(Eds.), *Current psychotherapies.* Itasca., Il.: F. E Peacock Publishers, 1984.

Friends in Recovery. *A spiritual journey: A working guide for adult children from addictive and other dysfuctional families.* San Diego, CA: Recovery Publications, 1988.

Grayson, Curt & Jan Johnson. *Creating a safe place: Christians healing from the hurt of dysfunctional families.* San Francisco: Harper Collins Publishers, 1991.

Groom, Nancy. *From bondage to bonding: Escaping codenpendency embracing biblical love.* Colorado Springs, CO: Navpress, 1991.

Hart, A. *Healing life's hidden addictions*. Ann Arbor, Michigan: Servant Publications. 1990.

____. *Healing adult children of divorce*. Ann Arbor, Michigan: Servant Publications, 1991.

Jones, Stanton & Butman, Richard. *Moderan psychotherapies*. Downers Grove, Il.: Inter Varsity Press, 1991.

Korchin, S. *Modern clinical psychology*. New York: Basic Books, 1976.

Napir, A. Y., & Whitaker, C. A. *The family crucible*. New York: Harper & Row, 1978.

Oates, W. ed., *An introduction to pastoral counseling*. Nashville: Broadman, 1959.

Olson, G. Keith. *Counseling teenagers: The complete Christian guide to understanding and helping adolescents*. Loveland, CO: Thomos Schultz Publications, 1984.

Olson. D ; Sprenkle, D.: and Russell, C. Circumplex model of marital and family systems: Cohesion and adaptability dimensions, family types, and clinical applications, *Family Process*, 18, 3-28.

Perrin, T. *Psychotherapy with adult children of alcoholics: A structured group model*. Rutherford, N.J.: Thomas W. Perrin, 1984.

Seamands, D. *Healing of memories*. Wheaton: Victor, 1985.

Sell, C. *Unfinished business*. Portland, Oregon: Multinomah, 1989.

____. *Family ministry*, 2nd ed. Grand Rapids, Michigan: Zondervan, 1995.

Sledge, Tim. *Making peace with your past: Help for adult children of dysfunctional families*. Nashville, Tennessee: LifeWay Press, 1992.

Stinnet, N. *Building family strengths*, Lincoln, NE: University of Nebraska Press, 1979.

Subby, Robert. *The co-dependent reality. Lost in the shuffle*. Pompano Beach, FL: Health Communications, 1987.

Swindoll, Charles. *Secrets of family tree*. Chicago: Moody. 1995.

Van Cleave, Stephen, Byrd, Walter & Revell, Kathy. *Counseling for substance abuse and addiction*. Dallas: Word Publishing, 1987.

Wilson, Sandra. *Counseling adult children of alcoholics*. Dallas: Word Publishing, 1989.

Woititz, Janet. *Adult children of alcoholics*. Pompano Beach, FL: Health Communications, 1983.

Wright, Norman. *The premarital counseling handbook*. Chicago: Moody Press, 1992.

3
성인아이의 치유를 위한 집단상담 모델
Group Counseling Model for Healing Adult Children

들어가는 말

가족은 개인의 기본 인성형성의 모본인 동시에 사회공통의 행동특징, 문화규범을 습득하는 사회화과정을 담당함으로 사회의 일차적 집단이며 사회를 존속케 하는 필요불가결한 기본단위이다. 가정은 하나님께서 제일 먼저 만드신 기관으로서 가족이 개인적으로, 사회적으로, 종교적으로 중요한 역할을 한다는 것은 재론할 필요가 없다. 가정은 모든 것의 출발점이다. 따라서 매스턴(Maston, 1986)이 "가정이 되어가는 대로 모든 것이 되어간다"고 한 말은 맞는 말이다.

가정이 건강해야 사회와 국가도 건강하며, 가정이 병들게 되면 나라와 문명도 쇠퇴할 수밖에 없다는 것을 세계사는 우리에게 보여주고 있다. 가족치료사 버지니아 사티어(Satir, 1991)는 가정을 "사람을 만드는 공장"에 비유한 적이 있는데, 순기능가정에서 자존감이 높은 건강한 아이가 나오고, 역기능가정에서는 문제아를 양산한다는 뜻이다.

전통적인 사회에서는 기초적인 사회의 삶의 단위가 집단이나 확대가족이었다면, 현대사회에서는 개인이나 핵가족이 사회를 이루는 최소단위이다(김용태, 1997, p.18). 가족의 형태가 대가족에서 핵가족으로 바뀌면서 부부역할이 붕괴되고, 갈등과 혼란이 증가하고 있다. 현대가정은 곤경에 처해 있으며 불안정한 상태에 놓여 있다(Sell, 1997). 늘어가는 이혼과 부모와 자녀가출, 자녀유기, 자살, 가정폭력, 비행 등이 이를 보여주고 있다. 우리의 목회환경을 둘러싸고 있는 사회생태계는 점점 악화되어가고 있다.

지금부터 한 세대 전만 하더라도, 기독교계와 교회는 인생의 냉혹한 현실에 대하여 마음을 열지 않았다. 성폭력이나 근친상간, 동성애, 배우자 학대, 자녀학대 같은 단어는 설교단상에서 언급되지 않았고 여간해서 소그룹에서도 거론되는 일이 없었다. 본인의 의사와 관계없이 이혼을 당한 사람들이나 배우자 구타나 성적 학대의 대상자들은 침묵 속에 고통을 감수해야 했으며, 소외감과 수치심을 느끼며 아픔을 감내해야만 했다. 알코올이나 도박과 같은 중독증으로 고통하는 교인들은 죄를 고백하고 문제를 주님께 맡기라는 말을 심심찮게 들어야 했다. 설교자들은 이러한 권면의 근거로 성경을 사용하였다. 한

어떻게 사람을 변화시킬 수 있는가?

138

꺼번에 술담배를 끊거나 '정신을 차리지 못하면' 그들은 '병자' 취급을 받거나 말씀에 불순종하는 '반항적인 신자'로 낙인이 찍히기도 하였다.

그러나 복음주의적 교회 내에서의 분위기가 서서히 바뀌고 있다. 복음주의 진영의 대표적인 설교자로 알려져 있는 스윈돌(Charles Swindoll, 1995) 목사는 이러한 변화를 다음과 같이 요약하고 있다.

20세기 말에 들어서면서, 고통스런 진실이 드디어 밀실 밖으로 드러나는 것이 허용되었다. 마침내 목회자와 회중들이 많은 가정을 괴롭히고 있는 은밀한 아픔에 대하여 몰래 수군거리기를 중단하고 고통스런 비밀에 직면하기 시작하였다. 강단을 주먹으로 두드리면서 즉각적으로 회개하고 변화될 것을 요구하는 대신에, 우리는 역기능가정이 교회 안에서 흔히 발견되고 있다는 것과 회복과 치유는 시간을 요하는 고통스런 과정이라는 것을, 그리고 그 치유과정은 더 많은 성경구절을 버림받은 사람들이나 학대받은 사람들에게 주입시킴으로써 가속화될 수 없다는 것을 발견하였다. 죄책과 수치심은 내적 치유를 자극하는 은혜의 친구가 아니다(p. 10).

가정: 순기능과 역기능

역기능가정이란 무엇인가? 성인아이는 누구인가? 교회는 성인아이의 내적 치유를 위해서 무엇을 할 수 있는가? 우리는 지원그룹이라는 집단상담 모델을 통하여 성인아이들을 구체적으로 어떻게 도와줄 수 있는가? 이 논문은 이상과 같은 질문에 답하는 것을 목적으로 한다.

셀(Sell, 1997)은 그의 최신 저서「가정사역」에서 현대가정을 진단하는 가운데, "오늘날의 가정들이 가장 불안한 사실은, 무엇인가 조처가 취해지지 않는 한 오늘의 문제는 내일의 가정에서 반복된다는 것이다"(p. 72)라고 쓰고 있다. 일찍이 블랙우드(Blackwood, 1965)는 "어제의 행동이 오늘의 결과를 낳는다. 오늘의 행동은 내일의 결과를 낳을 것이다. 각 세대는 과거로부터 마무리되지 않은 일을 결정적인 짐으로 지니게 된다"(p.18)고 말한 적이 있다. 역기능가정은 역기능가정을 낳는다는 말이다. 강간은 강간을 낳고, 아동학대는 아동학대를 낳으며, 알코올중독은 알코올중독을 낳는다. 이혼가정 출신의 여성은 보통 평균보다 더 높은 비율로 이혼한다. 알코올중독의 아버지를 가진 남자는 그렇지 않은 가정에서 자란 사람보다 알코올중독이 될 확률이 4배나 크다. 부부간 폭력을 보았던 여성들이 그렇지 않은 여성들에 비해 더 공격적이고 더 우울한 것으로 드러났다(Forsstrom & Rosenbaum, 1985).

가정은 여러 차원에서 정의될 수 있다. 가정은 재생산 및 종족보존, 성적 표현 및 통제, 교육 및 사회화, 지위부여, 경제적 협력, 정서적 만족, 그리고 사회통제 기능 등 다양한 기능을 수행한다(Sell, 1995, p.15). 윌슨(Wilson, 1995)은 이를 부양기능, 양육기능, 안내기능으로 요약하여 가정의 세 가지 기본기능이라고 불렀다. 이와같이 가정에 부여된 기능을 잘하는 가정을 순기능가정이라 하고, 이러한 기능이 비정상적으로 이루어지는 가정을 역기능가정이라 할 수 있다.

사람들은 전통적으로 문제가정을 불행한 가정, 병든 가정, 약한 가정, 비정상적 가정이라 불러왔다. 그러나 가족치료와 상담을 전문으로 하는 학자들은 가정을 설명하고 기술하는데 정상적, 비정상적이라는 말 대신에 순기능적(functional), 역기능적(dysfunctional)이라는 표현을 사용하기를 좋아한다(정동섭, 1996, p.91). 여기서 역기능이란 기능을 하지 않는다는 말이 아니라, 비정상적으로 기능한다는 의미로 사용된다. 콜린스(Collins, 1995)가 지적한 대로 모든 가족은 역기능적이다. 하나님께서 의도한 대로의 가정이 아니다. 우리는 타락한 사람들이기 때문에, 타락하고 역기능적인 가족을 이루게 된 것이다… 신체적 폭력이나, 학대, 위협, 비참함으로 특징지워지는 심하게 역기능적인 가정이 있는가 하면, 더 많은 가정은 신체적 학대는 없지만, 정서적 긴장이나 언어적 학대가 존재하는 중간 정도의 역기능가정에 해당할 것이다(p.282).

역기능가정은 역기능적 결혼에 의해 창조되는 것이다. 결국 역기능적 가정은 역기능적인 개인, 즉 성인아이들이 서로를 찾아 결혼함으로써 이루어지는 것이다. 비정상적 부부관계는 부모자녀관계로 나타난다. 부모와 자녀의 관계가 역기능적이 될 때, 청소년들이 비행을 저지른다는 증거는 여러 곳에서 발견할 수 있다. 아버지와 어머니의 관계가 청소년 비행 및 정신질환과 관련이 있다는 것이다. 박성수(1995)는 비행청소년들이 아버지와 관계가 좋지 않다고 말하고 있다(p.19). 김성이, 강지원, 고본용, 황순길(1996)은 가정환경 곧 비합리적인 기대를 포함하는 지적 기능의 결함이 청소년의 비행을 부추기고 있다고 보고하고 있다(pp.65-66). 청소년들의 약물과 관련된 비행이 가족의 역기능과 관계가 있으며(주왕기, 김경빈, 이숙영, 맹영진, 1996), 청소년의 패륜행위가 가족의 역기능과 관련이 있는 것(김혜숙, 1995)으로 밝혀지고 있다. 이상은 "가족이 우리 정신 프로그램에 미치는 영향은 아주 강하며, 일단 가족 안에서 형성된 프로그램은 바꾸기가 대단히 어렵다"(최준식, 1997, p.190)는 것을 보여주고 있다.

우리가 역기능가정의 역동성과 그것이 사람에게 미치는 영향에 대하여 알게 된 것은 1980년대 초반이었다. 우리가 알게 된 많은 것들은 중독자를 대상으로 일한 사람들에 의해 드러나게 된 것이다. 약 20십년 전까지만 해도 중독치료는 알코올중독자에게 집중되어 있었다. 이제 전문가들은 가족구성원들이 겪는 고통이나 그러한 가정의 자녀들이 성인이 되었을 때의 상태에 주의를 기울이고 있다. 이러한 가정을 처음으로 주목한 사람들은 알코올중독자들을 위한 치료 프로그램에서 그 가족구성원들을 다루기 시작한 상담자들이었다. 이들은 알코올중독자 가정의 구성원들에게서 공통된 특성을 발견하게 되었다. 가족체계이론도 역시 역기능가정의 구성원들이 어떻게 파괴적으로 서로 연결되어 있는지 알아내는 데 한몫을 하였다.

역기능가정은 "다세대간의 상호의존적 체계"라는 것이 밝혀졌으며, 역기능적 가족이 기생적 또는 동반의존적 관계(Codependent Relationships)를 형성한다는 것을 발견하게 되었다.

순기능가정의 특징. 순기능적 가정은 가족구성원들이 서로 감정적으로 연결되어 있으면서도 서로에 대한 자유로움을 느끼는 가족을 말한다. 서로에 대한 지지를 통해서 가족임을 확실히 느끼고, 어려울 때 도움을 받을 수 있는 가장 확실한 자원이 된다. 가족구성원들은 건강한 의미에서 갈등을 느끼고, 이를 창조적으로 해결할 수 있다. 반면에 역기능적 가정은 가족관계가 너무 엄격하거나 너무 자유로워서 가족들이 서로에 대해 지지를 받기 어려운 가정을 의미한다(김용태, 1997, p.6).

건강한 가정 또는 순기능가정은 어떤 특징을 지니는가? 잘 기능하는 건강한 가정은 친밀감과 힘의 욕구, 의미에의 욕구가 충족되는 가정으로 존스와 부트만(Jones & Butman, 1991)은 여러 학자들의 연구를 근거로 순기능가정의 특징을 다음과 같이 요약하고 있다.

① 가족구성원이 서로 사랑과 고마움을 표현할 줄 안다.
② 대화가 풍성하며 피차 생각과 감정과 소원을 전달할 수 있다.
③ 명확하게 정립된 세계관을 가지고 있으며 신앙을 공유하고 있다.

④ 여러가지 일에 함께 동참하며 함께 웃으며 즐거운 시간을 가진다.

⑤ 가족에 대한 책임감을 공유하며 집안의 전통과 약속을 중요시한다.

⑥ 도전과 위기에 능동적으로 대처할 수 있다(p.353).

한편 브래드쇼(Bradshaw, 1988)는 순기능가정에는 친밀감과 협상을 통한 갈등해소, 개방적이고 융통성 있는 역할분담, 실수를 용납할 수 있는 가족규칙, 있는 그대로 보고 듣고, 생각하고, 느끼고 원하고 상상할 수 있는 자유가 있다고 보고하고 있다.

볼스웍 부부(Balswick & Balswick, 1989)는 가족이 건강하기 위해서는 응집성(cohesion), 적응성(adaptability), 대화(communication), 그리고 역할구조(role structure)의 네 가지 영역에서 제대로 기능할 수 있어야 한다고 했다. 이런 의미에서 밀착된(enmeshed) 가족, 격리된(disengaged) 가족, 혼란된(chaotic) 가족, 엄격한(rigid) 가족은 부모와 자녀의 관계가 역기능적이 된다고 하겠다. 역기능가정의 대화는 또한 피동적(passive)이거나 공격적(aggressive)이어서 사랑 안에서 진실을 말하는 자기주장적(assertive) 성격을 띠지 못한다.

역기능가정. 역기능가정이라는 말은 처음에는 알코올중독자 가정에만 적용되었던 말인데, 이제는 도박꾼, 과식자, 거식자, 종교중독자, 성중독자, 일중독자가 있는 가정에도 적용되는 말로 사용되고 있다. 역기능가정이란 어떤 가정인가? "역기능가정이란 아이들이 신체적, 정서적 또는 영적으로 성숙하도록 사회화시킬 능력이 손상될 정도로 곤경에 처한 가정이다" (Sell, 1997, p.74). 그레이슨과 존슨(Grayson & Johnson, 1991)은 "건강하지 않은 관계유형이 가족구성원 간에 존재함으로 부모가 자녀의 정서적 필요를 채워주지 못하는 가정"(p. 12)이라고 설명하고 있다. 스트레스의 관점에서 역기능가정을 정의하면, "스트레스에 대처하기 위해 충분한 자원을 동원할 수 없는 가정으로, 응집력과 적응력이 없어서 스트레스 때문에 더 긴장되고 와해되는 가정"(Curran, 1985, p.3)이라고 할 수 있다.

역기능가정에서는 가족구성원 모두가 상처를 받는다. 모든 식구가 도움을 필요로 한다. 그 도움은 다른 식구의 사랑이 담긴 이해의 형태를 취할 수도 있고, 그리스도인 형제나, 지원 그룹, 민감한 목사, 의사, 또는 상담자의 사랑스런 면책이나 지원의 형태를 띨 수도 있다. 비록 우리가 가족의 한 사람을 희생양 취급을 할 수도 있지만, 실상은 모든 가족구성원이 고통을 나누며 책임을 공유하는 것이다. 역기능가정은 가족체계 전체의 문제이다.

역기능가정의 특징. 각종 중독이 가정생활에 미치는 영향을 연구한 학자들(Missildine, 1987; Sell, 1992; Hart, 1990)은 중독증상이 가족에게 미치는 영향의 관점에서 순기능가정과 역기능가정을 구분하였다. 중독이란 습관적으로 또는 강박충동적으로 어떤 대상에 매이는 상태를 일컫는다. 따라서 "약물이나 대상, 느낌, 행동, 분위기, 또는 개인적 상호작용을 위해 강압적이고 반복적이며 지나친 욕구가 존재할 때, 그 사람은 중독자로 간주된다"(Hart, p. 5). 결국 역기능가정이란 부모 중 하나 또는 모두가 알코올을 비롯한 약물이나 음식, 충동적 소비, 분노, 일, 종교, 섹스, 도박에 중독된 가정이라 정의할 수 있다. 정서적으로 문제가 있는 이 부모를 전문가들은 "폭군아이 부모"(King Baby parent)라고 부른다. 이들은 왕과 같이 가족 위에 군림하면서 그들의 원하는 것을 가족에게 강요함으로 폭군행세를 하며, 아이처럼 그들의 욕구를 충족시키라고 요구한다(Grayson & Johnson, p.28). 이러한 부모들은 자녀에게 의식주를 제공할지는 몰라도, 친밀감과 소속감과 같은 정서적 필요를 채워주는 방법을 알지 못한다.

버드와 워렌(Byrd & Warren, 1996)은 역기능 가족체계가 지니는 다섯 가지 성격을 ① 부모 중 한쪽 또는 양쪽이 약물중독상태인 경우, ② 가족 중 정서적 질병이 있어 심리적으로 혼란스러운 가정, ③ 몹시 가혹하거나 엄격한 규칙을 가진 가족, ④ 성적, 신체적 학대가 일어나는 가족, ⑤ 부모 - 자녀간에 부적절한 관계가 형성되어 있는 가족으로 요약하였다. 바꾸어 말하면, 역기능가정은 자녀에게 외상적 경험을 안겨주는 가정이다. 외상(trauma)이란 "개인의 심리적 발달에 심각하며 영속적인 피해를 주는 정서적 충격"(Smith, 1993, p.31)을 일컫는데, 이러한 외상은 대개 신체적, 성적, 언어적, 경제적, 심리적 학대를 통해서 이루어진다.

우리는 긍정적 성장보다는 사람에게 피해와 상처를 주는 행동유형이 되풀이될 때 이를 역기능적이라고 이해한다. 「가족치유, 마음치유」(Making Peace with Your Past)의 저자 슬레지(Sledge, 1996)는 역기능가정의 특징을 다음과 같이 요약하고 있다. ① 중독증세를 나타내는 가족에게 관심이 집중되어 있다. ② 감정표현을 제한한다. ③ 명백한 문제가 있는데도 이를 부인하고 공개적인 대화를 회피한다. ④ 어린이들에게 희생양, 영웅, 대리배우자, 말없는 아이, 마스코트 등 파괴적인 역할을 하도록 유도한다. ⑤ 어린이의 성장발달에 필요한 적절한 양육을 제공하지 못한다. ⑥ 외부세계와 단절되어 있다.

우리 사회에 역기능가정이 얼마나 퍼져 있을까? 대부분의 전문가들은 "대부분의 미국 가족이 역기능적이라는 데 동의한다. 심리학자 존 프릴과 상담자 린다 프릴은 90-95%의 가족이 역기능적이라고 추산하고 있다. 가족치료사 버지니아 사티어는 건강한 가족이 4%정도밖에 되지 않는다고 말하고 있다"(Grayson & Johnson, p.12).

우리 나라의 실정은 어떠한가? 알코올중독에서 회복되어 성인아이 치유사역을 하고 있는 이 영국(1998)은 우리 나라의 음주인구가 2천만 명에 달하고, 알코올중독 상태에 빠져 있는 사람들이 무려 350만 명이 넘으며, 1천만 명은 알코올로 인한 역기능가정에서 고통하고 있다고 진단한 적이 있다(p.9). 상호복종적인 부부관계(엡 5:21)보다는 가부장적 가족문화에서 충효를 절대가치로 가르치며 남존여비를 근간으로 삼았던 유교문화, 일제 36년간의 억압, 전쟁, 그리고 가난은 갖가지 역기능적 요인을 잉태하고 있어 가정과 사회 전체를 역기능적으로 만들었다 해도 과언이 아니다(최현주, 1996). 한편 고병인(1996)은 "목회현장과 대학 등에서 상담을 하며 본인이 느낄 수 있었던 한 가지 공통점은 예수를 믿어 구원을 얻고 성령침례(세례)를 받았음에도 불구하고 어릴 적에 손상받은 과거의 자아를 해결하지 못한 성도들이 의외로 많다는 것이다. 대개 그들은 역기능가정의 환경에서 성장한 삶의 역사를 지니고 있었다… 이들의 신앙은 한국교회의 장점이자 단점이기도 한 열성주의적 신앙으로 발전하여 공로신앙, 상급신앙, 종국에는 율법주의적 신앙이 되어 유대교적인 신앙의 화석화현상을 야기시켜 교회 내에 율법주의적이며, 권위주의적인 역기능을 만들기도 한다" (pp.1-2)고 지적하고 있다.

　　　　성인아이(adult child). 중독자는 자신의 생활뿐 아니라 가족들의 생활에도 영향을 미친다. 이러한 가정은 자녀들에게 매우 부정적인 영향을 주는데 이들은 자기의 문제를 성인이 되어서까지도 그대로 지닌 채 씨름하는 경우가 많다. 예를 들어, 우울한 부모의 자녀들은 약물남용, 사회문제와 학교문제, 정신과치료 등에 있어서 훨씬 더 높은 비율을 보였다. 그리고 죄수들이나 소년원의 청소년들은 한 가지 중요한 공통점을 지니고 있는데, 그들은 모두 역기능가정 출신이라는 것이다(Sell, 1997, p.75).

성인아이란 역기능가정의 산물로서 성인의 문제를 나이에 맞지 않게 조숙하게 다루어야 하는 '성인화된 아이'(adultified child)라는 뜻으로 사용되기도 하고, 해소되지 않은 어린시절의 문제(unfinished business)를 아직 처리하고 있는 18세 이상의 성인을 의미하는 말로도 사용되고 있다(Sledge, 1996). 콘웨이(Conway, 1990)는 성인아이를 "겉으로는 다 컸는데, 속으로는 왜소하고 나쁜 사람처럼 느끼는 사람"(p. 28)이라고 정의하기도 했다. "우리는 (출신, 근원) 가정을 떠나지만, 가정은 우리를 떠나지 않는다"고 말하는 것은, 성인이 여전히 아이 상태에 있으며, 그의 감정과 행동 중 많은 부분이 유년기의 흔적을 나타낸다는 뜻이다. 성장과정에서 경험했던 충격으로 인한 정서적 찌꺼기가 아직까지 남아서 성인의 행동과 태도에 영향을 미치고 있다는 것을 의미하는 것이다.

우리의 발달적 의존욕구가 소홀히 됨으로 인해서 방치되는 것은 성인아이가 되는 중요한 요인이다. 우리는 성장한다. 우리는 어른처럼 보인다. 우리는 성인처럼 걷고 말하기도 한다. 그러나 표면 아래에는 공허하고 곤고하게 느끼는 어린 아이가 있다. 그는 어른 몸 속에 어린이의 욕구를 지니고 있어 채워지지 않은 욕구를 지니고 있다. 이 욕구불만에 차 있는 아이가 모든 강박충동적, 중독적 행동의 핵을 이루고 있는 것이다(Bradshaw, 1988, p.58).

오늘날 우리의 모든 것은 어제의 우리에 의하여 이루어

진다(Wilson, 1989). 역기능가정은 스스로를 재생산한다. 휴 미실다인(Missildine: 1987)은 그의 책 「몸에 밴 어린시절」에서 위로받지 못하고 자라난 과거내재아(inner child of the past, 또는 내재과거아)는 성인이 되어서도 우리 안에 그대로 존재한다는 이론을 제시하고 있다. "지난 날의 어린시절은 그 시절의 모든 감정이나 태도와 더불어 우리의 삶이 끝나는 그날까지 실질적으로 우리를 따라다닌다"(p. 25). 이것이 성인아이가 의미하는 것 중 하나이다. 여러가지 면에서, 성인이 여전히 아이 상태에 있으며, 그의 감정과 행동 중 많은 부분이 유년기의 흔적을 나타낸다. 우리의 기억이나 잠재의식 속에는 과거의 사건에 반응하여 이루어진 정서적 찌꺼기가 남아 있다. 그것을 파생시켰던 사건은 끝났지만 우리는 여전히 그 반작용을 느끼고 있다.

역기능가정에서는 배우자와 자녀들이 임금아이(폭군아이) 역할을 하는 부모를 참아내며 돌아보아야 한다. 이와같이 중독자의 생활양식에 중독된 동반중독증상(codependency)은 모든 성인아이가 갖고 있는 생활양식이기도 하다. 따라서 동반중독자 또는 동반의존(codependent)의 위치에 있는 성인아이는 놀기보다는 계획을 해야 하고, 부모에게 양육을 받기보다는 부모를 보살펴야 하고, 생활 가운데 자신의 안전한 장소를 만든다. 너무 일찍 자신의 기본적인 필요를 스스로 돌아보아야 하고, 현실에 대한 자기 자신의 관점을 개발하고, 혼자서 두려움을 감내해야 한다.

어릴 때 뿌려진 씨는 성인이 되어 열매를 맺는다. 그레이슨과 존슨(Grayson & Johnson, 1991)은 이 과정을 설명하면서, 어린시절의 부인은 성인기에 불신을 낳고, 투사는 자기정죄를, 고립은 소외감을, 되풀이된 분노행동은 긴장을 조성한다고 분석하고 있다. 성인아이에게 나타나는 증상을 종합해 보면 다음과 같이 요약할 수 있을 것이다(Woititz, 1983; Grayson & Johnson, 1991). ① 소외감(alienation): 성인아이는 항상 자신이 남과 다르다고 느끼며 무엇이 정상적인 행동인지에 대해 혼란스러워하고, 버림받는 것을 두려워하고 친밀한 관계를 맺는 데 어려움을 겪는다. ② 자기 정죄(self-condemnation): 자신을 무자비하게 비판하고 끊임없이 인정과 칭찬을 원하며, 우리에게 상처를 주는 사람에게도 충성한다. ③ 긴장감(tension): 재미있는 시간을 갖는 데 어려움을 느끼며, 자신을 너무 심각하게 받아들이고 어떤 일을 처음부터 끝까지 추구하는 데 어려움을 느낀다. ④ 불신(distrust): 병이나 퇴직과 같은 스스로 통제할 수 없는 변화에 과민반응을 보이며, 아무런 대안이나 대책이 없이 결과를 고려해 보지도 않고 충동적으로 행동한다. 한편 블랙(Black, 1983)이 발견한 "느끼지 마라, 말하지 마라, 믿지 마라"는 가족규칙은 수치심에 기반을 둔 인격을 형성한다.

　　십 여 편의 연구논문을 종합해 본 후, 셀(Sell)은 성인아이들의 특징으로 "자아개념의 희박 (낮은 자존감), 절망에 대한 극복력의 낮음, 학문적 성취도가 낮음, 우울에 빠지는 경향이 높음, 과도한 활기, 정서, 행동적 장애, 성적 혼란 및 여러 신체적 이상" 등을 열거하고 있다(p.38). 타인을 신뢰하지 못해 친밀한 관계를 맺는 데 어려움을 느끼며, 두려움, 우울증, 분노, 수치심과 죄책감과 같은 감정을 어떻게 처리해야 할지를 모르며, 지나친 책임감이나 무책임한 성향, 누적된 스트레스로 인한 면역체계의 약화로 두통, 위장병 등 정신신체질환으로 고생하는 것 등은 성인아이의 공통된 특징이라고 할 수 있을 것이다(Whitfield, 1995). 한편 마틴(Martin, 1988)은 "성인아이들이 '지나침'과 친숙하다. 지나치게 성취하려 하고, 지나치게 먹고, 지나치게 일하고, 지나치게 운동하며, 지나치게 소비한다. 그들은 섹스, 고통, 음식, 신앙, 권력, 돈, 소비 등 무언가에 중독이 되려 한다"(p.14)고 밝히고 있다.

아동기의 가정이 성인에게 미치는 영향에 대하여 복음주의자들을 대상으로 한 연구결과는 흥미있는 사실을 시사해 주고 있다. 윌슨(Wilson, 1988)은 그의 박사학위 논문에서 "복음주의적 신앙을 따르는 성인아이들은 건강한 가정에서 성장한 성인에 비해 더 우울하고 지나친 죄책감을 보이며 불안하고 인정받기를 구하며 타인을 신뢰하지 못하는 것 같다"(p.69)고 보고하고 있다. 영적인 생활에 있어서도 성인아이들은 왜곡된 하나님상을 지니고 있으며 자신과 타인을 용서하는 데 어려움을 겪는 것으로 나타나고 있다(Grayson & Johnson, pp. 81-85).

성인아이의 내적 치유. 근원가정이 우리의 인격형성에 어떻게 영향을 미쳤는지에 대해 어떤 식으로 설명하든지 성인아이의 행동과 감정은 행복하고 건강한 가정을 세우고자 하는 우리의 노력을 방해한다. 역기능가정에서의 성장경험은 우리의 신앙생활에도 영향을 미친다. 머리로는 은혜를 믿고 아는데 은혜를 누리지 못하게 한다(Swindoll, 1992). "부모와 문화의 영향으로 인해서, 성인들은 종종 그들이 인생에 반응하는 방식으로 - 불신과 자기정죄, 긴장, 소외라는 흐려진 안경을 통해서 - 하나님에게 반응한다. 여러 해 동안 이와같은 방식으로 하나님과 관계하다보니, 하나님은 어떤 일이 있어도 우리를 사랑하시며, 우리가 하나님을 실망시킬 때에도 용서하기를 즐겨하신다는 성서적 진리를 믿기가 어렵게 된다"(Grayson & Johnson, 1995, pp. 123). 씨맨즈(Seamands, 1985, 1989)도 그의 책들에서 과거의 상처가 어떻게 우리의 하나님상을 흐려놓을 수 있는지를 보여주고 있다.

성인아이 그리스도인들에게 필요한 것은 건강한 순기능가정에서처럼 사랑 안에서 진실을 말하며 정서적 친밀감과 소속감을 경험하고 서로에게 좋은 영향을 미치면서 행복하게 사는 것이다. 치유상담자들은 마음의 상처를 치유하는 과정을 내적 치유(inner healing)라 하고, 성인아이 치유사역을 하는 이들은 이를 회복(recovery)이라 부른다. 우리 부모가 아무리 역기능적이었다 할지라도, 우리가 하나님을 사랑하고 그의 명령과 규례를 지키는 법을 배운다면 우리에게는 희망이 있다.

내적 치유란 무엇인가? "내적 치유는 내 속사람을 치유하는 것이다. 즉 마음과 감정, 고통스런 기억, 그리고 꿈을 치유하는 것이다. 기도를 통하여 증오심과 거부감, 자기 연민, 우울증,

죄책감, 두려움, 슬픔, 열등감, 정죄 또는 무가치감 등으로부터 해방되는 과정이다"(Tapscott, 1998, p. 21). 내적 치유와 성인아이의 회복은 그리스도 안에서 온전케 되는 성장과 성화의 과정으로 사실상 동일한 경험을 일컫는다.

그레이슨과 존슨(Grayson & Johnson, 1991)은 회복을 다음과 같이 정의한다. "우리의 양육과정에서 받았던 부정적 영향을 극복하는 과정을 회복이라 부른다. 하나님을 '자비로우시며 은혜로우시며 노하기를 더디하시는 아버지'로 상대하는 하나의 전인격이 되어가는 과정이다. 회복은 역기능성을 드러내는 '죄 있는 육신의 행위'를 벗어버리고 성령의 열매 가운데 자라가는 것을 포함한다"(pp. 24-25).

부모의 중독과 그것이 나에게 끼친 영향들에 대한 발견은 동반의존으로부터 회복하는 과정에서 내딛는 첫걸음이다. 이와같은 발견과 이어서 일어나는 부정의 벽을 깨뜨리는 것은 '한 사람의 삶과 핵심적인 정체성을 분명하게 드러내 보이는 심층적인 재구성 작업과 중독자인 부모와 더불어 성장했다는 사실을 인정하는 것에 기초하여 새로운 자기정체성을 이룩해 가는 수준의 심층적 과정을 포함하고 있다(고병인, 1999, p.12).

교회 내의 성인아이 회복운동. 일찍이 어거스틴은 교회를 아픈 사람으로 가득차 있는 병원에 비유하였다. 그리스도인들은 자신이 병들었다는 것을 인식하고 고침을 받기 위해 의사의 도움을 구하는 사람들이다(McGrath, 1988, p.37). 그리스도인이 된다는 것은 모든 문제로부터 면제되는 것을 의미하지 않는다. 그리스도인이 되는 순간에 우리는 영적으로 새로운 피조물이 되지만 과거의 모든 정서적 고통이 일시에 치유되는 것은 아니다. 목회상담학자 패티슨(Pattison, 1988)은 목회상담을 "대표적인 그리스도인들이 궁극적 의미와 관심의 맥락에서 혼란에 빠진 사람들을 치유하고, 지탱하며, 인도하고 화해시키는 것을 목적으로 하는 돕는 행위이며, 죄(sin)와 슬픔(sorrow)의 제거 및 경감, 그리고 모든 사람을 그리스도 안에서 온전한 사람으로 하나님께 바치는 것을 목표로 한다"(p.13)고 정의하고 있다. 현대의 기독교는 오랫동안 알코올중독, 도박, 근친상간, 음식중독, 이혼, 종교중독과 같은 문제를 외면한 채 '성자들의 박물관' 과 같은 역할을 했는지도 모른다. 교회는 마땅히 '아픈 사람들을 위한 병원' 으로서의 역할을 해야 한다. 교회는 죄인을 위한 병원이어야지, 성자들을 위한 박물관처럼 기능해서는 안된다.

성인아이를 치료하는 가장 좋은 방법은 독서요법과 지원그룹 안에서의 집단상담 경험이다. 교회가 병원이라면, 지원그룹은 중환자실에 해당한다. 지원그룹에서 성인아이는 (책이나 테이프와 같은) 약품을 발견하게 되고, 적절한 시설(원형으로 둘러앉음)을 발견하며, 잘 구비된 직원들(다른 성인아이들)을 만나게 될 것이다. 지원그룹은 비슷한 처지에 있는 성인아이들이 모인 안전한 환경에서 자신의 문제를 솔직하게 드러내놓고 말할 수 있는 분위기를 제공한다. 감정과 경험을 나눔으로써 우리는 억압했던 고통에 직면하고 고통을 재경험하는 가운데 성령의 도우심을 받아 건강한 인격으로 회복될 수 있다. 성인 아이의 치료는 신체적, 심리적, 사회적, 영적 차원을 모두 다루는 전인격적 접근이어야 한다.

제3의 물결로 불리우는 성령운동이 전세계적으로 확산되면서 예배에 새로운 바람을 불어넣고 있다. 그러나 그레이슨과 존슨(Grayson & Johnson, 1991)이 예견하고 있는 것처럼, 성인 아이의 회복(치료)운동(recovery movement)은 또 다른 차원에서 교회의 판도를 바꾸어놓을 것으로 전망된다. 교회 내의 성인아이 치료를 위한 이른바 회복운동이 1980년대 이후에 미국을 중심으로 일어나고 있다. 이 운동을 처음부터 주도해 온 헨슬린(Henslin, 1991)은 말한다.

"오늘날 교회 안에 일종의 부흥의 바람이 불고 있다. 수치심 뒤에 있는 상처를 겉으로 드러내지 못하고 이중적인 신앙생활을 하다가 지칠대로 지친 이름없는 수만 명의 그리스도인들 사이에 조용한 부흥이 뿌리를 내리고 있다. 이 부흥은 알코올중독, 마약중독, 성중독, 섭식중독, 일중독, 도박충동, 동반의존, (신체적, 성적, 정서적 폭력을 포함하는) 가내폭력, 낙태 후 수치심과 죄책감을 안고 침묵하는 이들, 동성애의 비밀스런 생활, 역기능가정의 성인아이가 지니는 제반문제 등 갖가지 문제를 안고 남몰래 씨름하던 수만 명의 그리스도인들을 중심으로 일어나고 있다. 이 모든 것은 역사적으로 심각한 문제를 갖는 것을 용인하지 않았던 기독교공동체를 배경으로 일어나고 있다"(p.257). "우리는 이 운동에서 신뢰와 솔직함, 개방, 수용, 애착, 그리고 감정의 처리에 대한 강조를 보게 되리라 기대할 수 있다. 그리스도인들은 수치심과 문제에 대한 손쉬운 해결책을 받아들이기를 거부할 것이다"(p. 117).

이들은 회복이 "당신에게 일어날 수 있는 가장 좋은 경험 중의 하나이며, 동시에 가장 힘든 경험 중의 하나가 될 수 있다. 회복은 우리 생활을 과거 어느 때보다도 더 행복하고 더 건강하게 만들어주지만, 이것은 우리가 통과해야 할 고통스런 골짜기"임을 상기시키면서 대개 건강한 태도와 기술이 우리 삶 속에 통합되려면 2-3년이 걸린다고 충고하고 있다.

성인아이의 치유에 요구되는 회복의 국면에는 다음과 같은 것이 있다. ① 자신의 배경을 검토하는 가운데 어린시절의 경험이 자신에게 어떤 영향을 미쳤는지를 이해한다. ② 부모의 생존여부와 관계없이 부모와 해결되지 않은 (분노와 원한, 죄책감 같은) 문제를 다룬다. ③ 아동기 경험에서 파생된 (수치심, 우울, 죄책감, 불안과 같은) 정서적 문제와 (충동적 행동으로 나타나는 중독과 같은) 행동적 문제를 다룬다. ④ 과거의 상실을 애통해하는 과정을 통해 성숙한다. ⑤ 영적 자원에 의지하게 한다(Sell, 1997, pp.470-471).

회복과정은 전인격을 포함한다. 우리는 영적으로, 심리적으로, 정서적으로, 사회적으로, 그리고 신체적으로 성장한다. 그리고 회복은 평생 지속되는 과정이다. 그레이슨과 존슨

(Grayson & Johnson, 1991)은 회복을 휠체어를 필요로 하는 장애인이 사회에 적응해가는 과정에 비유하면서 "우리는 계속해서 고통스런 기억을 다루어야 하며, 우리의 강박충동적 성향과 싸워야 하며, 얼어붙은 분노를 해소하는 법을 평생 동안 배워야 한다. 그리스도인 성인아이에게 있어서 회복은 성화과정의 한 부분일 뿐이다"(p. 25)라고 말하고 있다.

우리는 역기능적 생활양식으로부터 회복되는 과정에서 우리의 장애가 무엇인지를 인식하게 된다. 우리는 가능한 한 기능적이 되기 위하여 노력한다. 우리는 생활의 스트레스에 정상적으로 대처하기 위해 필요한 도구를 사용한다. 자신의 문제를 의식한 성인아이들은 회복의 속도를 빨리하기 위하여 시간과 공간을 필요로 한다. 현재 교회는 회복과정에 있는 성인아이들을 도와주는 프로그램을 개발하여 이를 활용하고 있다. 교육적 전략과 상담적 전략이 있다.

먼저 설교나 세미나를 통해 사람들이 그들이 자라난 가정이 어떻게 자신의 인격형성에 영향을 미쳤는지를 각성하게 도와줄 수 있다. 다음으로 교회는 독서와 상담과 지원그룹을 통해 성인아이의 치유와 회복을 도와줄 수 있다. 본 논문에서는 지원그룹이라는 집단상담 모델이 지역교회 안에서 어떻게 활용될 수 있는가를 중점적으로 살펴보기로 한다.

지원그룹

어떻게 사람을 변화시킬 수 있는가?

지원그룹이란 무엇인가? 지원그룹운동은 어떻게 시작되었는가? 누가 지원그룹을 필요로 하는가? 지원그룹은 1980년대초 캘리포니아 풀러톤의 제일복음주의 자유교회를 중심으로 '오우버컴머스 아우트리치'(Overcomers Outreach)라는 이름으로 시작되었는데, 역기능가정에서 자라난 어린이와 십대 청소년, 그리고 성인을 위하여 개발한 기독교적 집단상담 프로그램이다. 지원그룹은 1920년대에 빌 윌슨(Bill Wilson)에 의해서 시작된 단주모임(Alcoholics Anonymous: AA)의 12단계 원리를 기독교적으로 통합해 적용하고 있다. 현재 미국 45개 주에서 매주 800개 이상의 지원그룹이 모이고 있다(Henslin, p.264). 또 하나의 지원그룹 운동은 알코올중독자 아버지 밑에서 성장한 전형적인 성인아이로 자신을 소개하는 침례교 목사 슬레지(Tim Sledge, 1992) 목사를 중심으로 교단을 초월하여 벌어지고 있는데, 1992년에 출간된 그의 집단상담 교재 「가족치유, 마음치유」(Making Peace with Your Past)는 4,000개 이상의 교회에서 소그룹 치유사역을 위해 사용되고 있는 것으로 알려지고 있다(p.7).

이 지원그룹은 목사나 상담치료사에 의해서 인도되지 않는 것을 원칙으로 한다. "만일 목사가 모임을 인도하면, 그것이 성경공부로 발전할 가능성이 있고, 상담자가 인도하면, 그것이 집단상담으로 발전할 수 있기 때문이다. 이 특별한 사역을 시작하거나 인도할 수 있는 진행자는 12단계 프로그램에 참여한 경험이 있는 평신도 그리스도인이다"(Henslin, p.270). 인도자는 흔히 진행자(facilitator)라 불리며, 그룹 자체에서 나오게 되어 있으며, 참여자가 매주 돌아가면서 사회를 보도록 되어 있다. 여기서 강조되는 것은, 평신도가 평신도를 섬긴다는 것이다. 이것은 "너희가 짐을 서로 지라"(갈 6:2)는 신약의 가르침과도 일치하는 것이다.

"그룹회원들은 전통적으로 전문가가 인도하는 프로그램에서는 자신의 문제를 소위 전문가에게 쏟아붓는 경향이 있다. 그들의 태도는 '자 여기 문제를 가진 제가 있습니다. 저를 고쳐주세요' 이다. 그러나 지원그룹에서는 서로가 게으름을 피울 수 없다는 것을 안다. 더 좋아질 책임이 각 회원의 손에 달려있기 때문이다"(Leerhsen et al, 1990).

지난 20년간 각종 소그룹운동에 참여한 맥브라이드(McBride, 1990)는 그룹의 목적에 따라서 소그룹을 ① 성장그룹이나 구역교제 및 지원그룹과 같은 집단 내 관계에 초점을 맞추는 과정지향적(process-oriented) 모임, ② 성경공부 및 토론그룹과 같은 내용지향적(content-oriented) 모임, ③ 건축위원회, 단기전도팀과 같은 과업지향적(task-oriented) 모임, ④ 욕구지향적(need-oriented) 모임으로 분류하고 있다. 우리의 관심사인 지원그룹 또는 회복그룹은 과정지향적 모임과 욕구지향적 모임에 해당하는데 회원들은 공통된 필요에 따라 피차 이해하고 격려하기 위해 모이는 것이 그 특징이다. 이러한 모임에 참여하는 사람들은 "나는 당신의 처지와 고민을 이해합니다. 나도 비슷한 경험을 했습니다"라는 마음가짐으로 모임에 임한다.

따라서 지원그룹은 비슷한 특성을 지니는 사람들이 참여할 때 더 효과적이다. 남편과 아내가 같은 그룹에 참여하는 것은 바람직하지 않으며, 비슷한 연배의 남성과 여성이 따로 모임을 갖은 것이 더 효과적이다. 동질성이 지원그룹의 효과를 높이는 것은 자명한 일이라고 하겠다.

지원그룹의 목표. 지원그룹은 억압되었던 고통스런 기억에 직면하여, 그와 관련된 부정적 감정을 해소하고, 가해자를 용서하고 수치심과 분노와 두려움에서 해방되어 그리스도 안에서 자유함과 은혜를 누리게 하는 것을 목표로 한다.

성인아이의 치유와 회복을 위한 지원그룹이 집단상담을 통해 성취하려는 목표는 ① 마음의 상처를 처리하는 법을 배우는 것, ② 충동적 행동을 극복하는 것, ③ 분노의 폭발을 다스리는 것이다(Grayson & Johnson, 1991, p.25). 이를 위해 그룹상담에 참여하는 성인아이들은 ① 자신의 문제를 인식하고 수용하여야 하며, ② 고통스러운 과거를 회상하고, ③ 회복경험을 자신의 생활양식에 통합시킬 수 있어야 한다고 충고하고 있다(p.117).

이를 위해 성인아이에게는 과거의 고통에 직면할 수 있는 용기가 필요하고, 그 고통을 재해석할 수 있는 성령의 도우심이 필요하며, 그에게 고통을 안겨준 부모를 용서할 수 있는 사랑이 필요하다(Benner, 1993). 이와같은 목표는 기도와 성경읽기만으로 달성될 수 있는 것이 아니다. 교제와 성령충만한 예배가 병행되지 않으면 진정한 치유와 회복이 이루어질 수 없는 것이다.

인천에서 성인아이 회복그룹을 성공적으로 운영하고 있는 노용찬(1996)은 지원그룹의 목표를 다음과 같이 일곱 가지로 요약하고 있다.

① 지원그룹에 참여하는 성인아이들이 어린시절에 경험한 문제와 감정들을 인식하고 이해하도록 돕는다. 이들의 상처는 분노, 우울, 죄책감, 열등감, 수치심 등으로 경험될 수 있다.

② 과거가 어떻게 현재 그들에게 영향을 미치고 있는지를 이해하도록 돕는다.

③ 다른 사람들도 같은 문제와 감정을 가지고 있음을 이해하도록 돕는다.

④ 신뢰와 정직과 무조건적 용납(사랑)의 분위기를 경험하도록 돕는다.

⑤ 하나님과의 친교를 방해하는 정서적, 심리적, 영적 장애물들을 제거하고 성서적 하나님상을 정립할 수 있도록 돕는다.

⑥ 희망과 치유와 성장을 계속해 나갈 수 있도록 돕는다. 누구든지 흡연, 도박, 음주, 과식, 동반의존을 그만둘 수 있다. 문제는 그만둔 상태를 지속하는 것이다. "중독을 하나의 병이 아니라 무책임의 결과로 볼 때 행동과 삶의 변화를 일으킬 수 있는 것이다"(Drakeford, 1967, p.67).

⑦ 성인아이의 모든 미숙함을 버리고 성숙한 홀로서기의 삶으로 나아가도록 돕는다.

지원그룹의 장점. 지원그룹이 성공적이며 매력적인 것은 사람들로 하여금 자신의 문제의 핵심을 파악하도록 도와주는 데 있다. 지원그룹은 고통의 원인에 직면하게 하고, 고통을 자유롭게 표현하게 하며, 상처를 준 가해자를 그리스도의 사랑으로 용서하게 하는 힘을 지니고 있다(Flynn & Gregg, 1995). 서울에서 알코올중독자 치료사역을 하고 있는 고병인(1999)은 내용을 가르치는 모임에 비해 아픔을 나누는 지원그룹의 이점을 다음과 같이 요약하고 있다.

- 비슷한 사람들을 만나면 덜 외롭게 된다.
- 다른 구성원들이 무엇을 경험하고 있는지 알면 자신감이 생긴다.
- 다른 사람을 도와주게 되면 스스로도 도움을 받게 된다.
- 그룹에 속하게 되면 (문제를) 부정하는 일을 그만두게 된다.
- 자신의 문제에 대해 다른 사람이나 환경을 탓하던 것을 그만두게 된다.
- 다른 구성원들은 긍정적인 변화를 위한 중요한 사회적 강화제 역할을 한다(p.18).

지원그룹의 진행과정. 정서적 상처는 단시간에 치유되지 않는다. 지원그룹을 통해서 성인아이 참석자들은 어떤 과정을 경험하게 되는가? 지원그룹은 어떻게 해서 참가자들에게 치유와 회복을 경험할 수 있도록 도와주는가? 집단상담 참여자들은 어떻게 자기 패배적인 행동과 태도를 긍정적이고 생산적인 행동과 태도로 대체시키도록 도와줄 수 있는가?「가족의 충격」의 저자 콜린스(Collins, 1995)는 여러 가족상담자들의 의견을 다음의 3가지 단계로 요약하고 있다.

첫째로, 악순환의 고리를 깨려면 성인아이가 옛 고통을 재경험하는 가운데 스스로 "정서적 표현"(emotional expression)을 할 수 있도록 도와주어야 한다. 그 동안 부인하거나 억압하고 은닉하였던 분노와 수치심, 슬픔, 죄책감, 상처 등의 감정을 인정하고 표현할 수 있도록 도와주어야 한다. 우리는 과거의 경험에 얽매인 희생자로 남아 있을 필요가 없다. 우리의 경험이 우리에게 영향을 미치는 것은 사실이지만 중요한 것은 우리의 반응이다.

크리스천 심리학자 베너(Benner, 1990)는, 우리가 정서적 치유를 경험하려면 먼저 신뢰와 수용의 분위기에서 고통스런 감정에 직면할 수 있어야 한다고 강조하고 있다. 애초에 받았던 상처로 인해 야기된 옛날의 고통을 재경험하는 것이 필요하다는 말이다. 이 첫단계에서 치유적 역할을 하는 두가지 경험은 카타르시스(catharsis)와 고백적인 자기나눔(confessional sharing)이다.

카타르시스란 억압되었던 감정을 정화시키는 과정이다.

보통 눈물로 나타나는 카타르시스는 정서적 치유를 위한 필요조건이지만 충분조건은 되지 않는다. 애통은 "상처에 대한 수리적 반응"(reparative response to hurt)이라고 했다. 눈물을 흘리는 것과 상실을 슬퍼하는 애통과정은 치유를 가져온다.

이 단계에서 정서적 고통에 대한 또 하나의 수리적 반응은 상처에 대하여 말하는 것이다. 이와같은 상황에서 말하고 자기개방(고백)을 하는 것은 우는 것과 같은 효과가 있다. "나는, 상처가 아픈 경험과 관련된 감정을 다른 사람과 나눔으로써 가장 잘 치료될 수 있다고 믿는다… 인간은 관계를 위해서 창조된 바, 우리는 이 관계들 속에서 인생의 즐거움과 상처의 치유를 충분히 경험한다"(p.80). "사람은 자신의 연약함을 시인할 때만큼 강해질 수는 없다"(Drakeford, p.89).

상처의 경험을 치유받기 위해서 이를 다른 사람과 나누어야 할 또 하나의 이유가 있다. "상처는 대인관계적인 성격을 지니고 있다. 따라서 치유의 도구(instrument of healing)는 고통의 도구(instrument of affliction)를 맞먹어야 한다. 우리는 사람에 의해서 상처를 받았다. 그러므로 치유는 인격적 관계 속에서 가장 잘 이뤄질 수 있는 것이다. 상처는 나를 용납하고 경청하며, 나의 상처와 분노의 표현을 수용하는 분위기 속에서 나누어질 때 치유되기 시작하는 것이다"(p.80).

성경의 명령은, 서로 짐을 나누어 지라는 것이다(갈 6:2). 짐을 나눌 때, 우리의 짐은 가벼워지고 우리는 힘을 얻는다. "하나님과 감정을 나누는 것이 다른 사람들과 감정을 나누기 위한 준비과정이 될 수는 있을지라도, 경험을 하나님과 나누는 것이 다른 인간과 경험을 나누는 것을 대치시켜서는 안된다." (p.82). 고백에는 하나님께 하는 비밀스런 고백과 특정한 죄를 범한 대상에게 하는 개인적 고백, 회중이나 집단 앞에서 하는 공개적 고백, 그리고 중요한 타인들 앞에서 하는 치료적 고백이 있다. 특히 소그룹의 '중요한 타인들' 앞에서 하는 고백은 마음의 상처를 치유할 뿐만 아니라 행동을 변화시키는 효과가 있음이 밝혀지고 있다(Drakeford, 1967, p.91).

    둘째, 상담자나 지원그룹에 참여하는 성인아이들은 '인지적 재구성'(cognitive restructuring)을 할 수 있도록 도와주어야 한다. 이는 문제들이 애초에 어떻게 일어나게 되었는지를 이해하도록 돕는 것을 의미한다. 치유가 일어나게 하려면, 우리의 인식이 현실과 일치하고 진실과 일치해야 한다는 것이다. 착각은 구속을 가져오지만, 진실은 참된 자유를 가져다준다. 우리 무의식의 어두운 암실에 들어 있으리라고 우리가 두려워하는 괴물은 진리의 빛이 비취는 순간 그 힘을 상실한다. 우리에게는 현실을 있는 그대로 볼 수 있는 통찰이 필요하다.

    현실요법의 주창자 윌리엄 글래서(William Glasser)는 정신질환으로 고생하는 모든 사람들의 한 가지 공통점은, 그들이 진실을 회피하는 것이라고 간파한 적이 있다. 현실을 직시하고 받아들일 수 있는 능력은 정신건강의 지표가 된다. 정서적 상처의 치유를 받으려면, 적어도 내 마음 속에서 상처를 준 사람과 화해하지 않으면 안된다. 요셉이 자신의 경험을 하나님의 관점에서 재해석함으로 형제들을 용서하고 참 자유를 누릴 수 있었던 것처럼(창 50:20), 우리는 우리가 겪은 고통스런 경험의 의미를 하나님의 관점에서 재해석하고 조명할 수 있어야 한다. 치료적 통찰은 과거와 현재, 무의식과 의식, 내부세계와 외부세계 사이의 관계를 깨닫게 하는 것으로 이와같은 인지적 재구성은 언제나 치유와 성장을 촉진한다.

베너(Benner, 1990)가 지적한 것처럼, 우리는 동시에 악한(villain)이며 피해자(victim)이기도 하다. 나에게 상처를 입힌 이들도 나와 같은 연약함과 죄성을 지닌 취약한 인간들이다. 상대방을 악한 가해자로 보고 나 자신을 피해자로 간주하는 방어적 자세는 자기연민만 가중시킬 뿐 치료적이지 못하다. 내가 나 자신의 부족함과 필요에 대처하기에 너무 바빠서 다른 사람의 필요에 충분히 주의를 기울이지 못한 것처럼, 나에게 피해를 끼쳤던 가해자들도 자신의 필요와 부족함과 한계와 상한 감정 때문에 그런 행동을 할 수밖에 없었다는 것을 이해할 필요가 있다. 나에게 상처를 준 사람과 자신을 동일시하는 것은 매우 어려운 일이다. 이와 같은 '아하 경험'은 하나님의 은혜의 선물이 아닐 수 없다.

마지막으로 상담자들은 지원그룹 참여자들이 '행동적 변화'(behavioral change)를 경험할 수 있도록 도와야 한다. 그들에게 새로운 대인관계 기술을 가르치고, 절제를 배우게 도와주고, 파괴적 관계를 벗어나거나 중독을 중단하도록 도와주어야 한다. 변화는 스스로 책임감을 느낄 때 일어날 수 있는 것이다.

지원그룹 사역자들은 한결같이 이 마지막 단계에서 반드시 거쳐야 하는 과정은 가해자를 용서해 주고 분노를 해소하는 것이라고 주장한다. 이것은 의지적인 결단으로 혹자는, 참된 용서는 우주에서 가장 어려운 것이라고 하였다. 용서는 우리가 자유의지의 결단에 의해 행하는 것이지만, 용서할 수 있는 능력은 하나의 선물이며, 은혜의 기적이다.

"용서는 선물이다. 내가 받지 않은 것을 남에게 줄 수는 없다… 우리에 대한 하나님의 용서와 다른 사람에 대한 나의 용서는 마치 목소리와 메아리 같은 것이다. 고백하고 회개하고 용서하는 과정은 하나님으로부터의 소외와 피차간의 소외로부터의 치유를 위한 기독교 모델의 핵이다"(Linn & Linn, 1979, p.151). 결국 영적인 치유 또는 정서적인 치유는 용서를 통해 받는 것이다. 우리 죄에 대한 하나님의 용서를 받아들이는 것이며, 동시에 우리를 해치고자 하는 사람을 용서하는 것이다.

사도 바울도 대인관계에서 온 상처로 말미암은 분노와 원한감정의 문제를 다루는 중에, 분노에 대한 궁극적인 해결책으로 용서를 제시하고 있다. "서로 인자하게 하며 불쌍히 여기며 서로 용서하기를 하나님이 그리스도 안에서 너희를 용서하심과 같이 하라"(엡 4:32).

나가는 말

한국교회는 선교 2세기를 앞두고 변화의 계기를 맞고 있다. 양적 성장에서 질적 성장을 추구해야 한다는 목소리가 드

높다. 변화의 계기를 맞기 위해서는 명제신학에서 관계신학으로의 전환, 과제중심적인 목회에서 인간관계 중심적인 목회로, 교역자 중심적인 교회구조에서 평신도를 참여시키는 교회구조로 전환할 필요가 있다. "지난 수세기 동안 기독교는 올바른 생각과 앎을 강조해 왔다. 물론 성경공부와 기도, 제자훈련를 통해 명제적 진리를 성도들에게 전수하는 것은 중요하다. 그러나 기독교 신앙에는 또한 감정적인 측면이 있다. 우리 모두는 고통하고 있다. 예수님은 우리를 구원하시기 위해서만 오신 것이 아니고, '마음이 상한 자를 고치실' 목적으로 오셨다. 우리에게는 감정적인 삶을 나누는 '감정의 신학' (a theology of feeling)이 필요하다" (Henslin, p. 259).

우리의 가정과 교회는 대부분 역기능적인 요인을 안고 있다. 대부분의 목회자와 성도들이 성인아이에 해당한다고 해도 과언이 아니다. 교회는 성자들을 위한 박물관에서 병자들을 위한 병원으로서의 기능을 발휘해야 한다. 지원그룹은 '죄인이 다른 죄인을 돕는 기독교 공동체' 이다. 상처받은 치유자가 다른 형제자매를 지원하는 치유모임이다. 과거의 묻어두었던 고통스런 기억을 정서적으로 경험하고, 이를 수용하고 이해하는 형제자매들과 나누는 가운데 고통의 의미를 하나님의 시각에서 인지적으로 재해석하며, '사함받은 죄인의 입장' 에서 가해자를 의지적으로 용서하는 작업은 전인격적인 변화를 가져오기에 충분하다.

지원그룹을 통한 집단상담이 만병통치약은 아니다. 교회

는 예배와 선교와 교육에 충실해야 한다. 그러나 마음의 상처를 피차 싸매어주는 이 집단치유 모델은 "서로 사랑하라," "너희가 짐을 서로 나누라," "너희 죄를 서로 고하여 병 낫기를 위하여 서로 기도하라"(약 5:16)는 성경의 가르침을 구체적으로 실천할 수 있는 가장 구체적이며 효과적인 접근 가운데 하나다. 예수께서는 새생명으로 거듭난 나사로가 베옷에 감긴 채로 걸어 나오는 것을 보고, "너희가 풀어놓아 다니게 하라"(요 11:44)고 명령하셨다. 우리는 모두 '섬기는 종'으로서 피차 권면(격려)하고 위로하는 가운데(살전 5:11) 서로 풀어놓아 다니게 하라는 부름을 받았다.

참고도서목록

고병인. 역기능교회와 역기능가정을 위한 목회와 상담. 도서출판 예인, 1996.

_____. "알코올중독자 가정의 성인아이들의 특징들(3)," 가정과 상담 Info Book, 1999년 1월 15일(통권 12호).

김성이, 강지원, 구본용, 황순길. 청소년 비행상담. 서울: 청소년 대화의 광장, 1996.

김혜숙. 패륜적 행동의 이해. 패륜아 사례연구. 서울: 청소년 대화의 광장, 1995.

노용찬. 성인아이 지원그룹과 인도자의 역할. 인천: 글샘, 1996.

매스턴, T. B. 성서 그리고 현대가정 이석철 역. 서울: 요단출판사, 1986.

미실다인, 휴 몸에 밴 어린시절 이종범 역. 카톨릭출판사, 1989.

박성수. 빗나간 청소년의 세계. 빗나간 아이들의 세계. 서울: 청소년 대화의 광장, 1995.

버드, 월터 & 폴 워렌. 아동상담. 김혜숙 역. 서울: 두란노서원, 1996.

사티어, 버지니아. 「사람 만들기」. 성문선 역. 서울: 홍익제, 1991.

셀, 찰스.「아직도 아물지 않은 마음의 상처」. 정동섭 · 최민희 역. 두란노서원, 1992.

스윈돌, 찰스. 은혜의 각성 . 정진환 역. 서울: 죠이선교회출판부, 1992.

슬레지, 팀.「가족치유 · 마음치유」. 정동섭 역, 요단출판사, 1996.

윌슨, 산드라. 알코올중독 상담 . 기독교상담시리즈 13. 이관직 역. 두란노서원, 1995.

이영국. 술 권하는 사회, 술에 먹힌 사람 . 서울: 예영커뮤니케이션, 1998.

정동섭. 어떻게 사람을 변화시킬 수 있는가? . 서울: 요단출판사, 1996.

주왕기, 김경빈, 이숙영, 맹영진. 청소년 약물상담 . 서울: 청소년 대화의 광장, 1996.

최현주.「위장된 분노의 치유」. 서울: 규장문화사, 1995.

_____. 위장된 평화의 치유 . 서울: 규장문화사, 1996.

탭스콧, 베티. 내적 치유의 기적: 내 마음 속에 넘치는 주님의 평강 . 구자원 역. 은혜출판사, 1998.

플린, 마이크 & 더그 그레그 내적 치유와 영적 성숙 . 오정현 역. IVP, 1995.

휫필드, 찰스. 잃어버린 자아의 발견과 치유 . 김용교, 이인출 역. 도서출판 글샘, 1995.

Balswick, Jack & Judith Balswick. *The Family: A Christian Perspective on the Contemporary Home*. Grand Rapids, MI: Baker, 1989.

Benner, David. *Healing of Emotional Wounds*. Grand Rapids, MI: Baker, 1990.

Black, Claudia. *It Will Never Happen to Me*. Denver: M.A.C., 1983.

Blackwood, Andrew. *Ezekiel: Prophecy of Hope*. Grand Rapids, MI: Baker, 1965.

Bradshaw, John. *Healing the Shame That Binds You*. Deerfield Beach, Fla.: Health Communications, 1988.

_____. *The Family: A Revolutionary Way of Self-discovery*. Deerfield Beach, Fl: Health Communications, 1988.

Carder, Dave; Earl Henslin, Henry Cloud, & Alice Brawand. *Secrets of Your Family Tree: Healing for Adult Children of Dysfunctional Families*. Chicago: Moody Press, 1991.

Collins. Gary. *Family shock: Keeping Families Strong*. Wheaton, Il.: Tyndale, 1995.

Conway, Jim. *Adult Children of Legal or Emotional Divorce*. Downers Grove, Il: IVP, 1990.

Curran, Dolores. *Stress and The Healthy Family*. Minneapolis: Winston Press, 1985.

Drakeford, John. *Integrity Therapy*. Nashville: Broadman, 1967.

Fagerstrom, Douglas (ed.). *Counseling Single Adults*. Grand Rapids, MI: Baker, 1996.

Flynn, Mike & Doug Gregg. *Inner Healing: A Handbook for Helping Yourself and Others*. Downers Grove, Il.: IVP,

1993.

Forsstrom-Cohen, Barbara & Alan Rosenbaum, "The Effect of Parental Marital Violence on Young Adults: An Exploratory Investigation," *Journal of Marriage and the Family* (May 1985): 467.

Grayson, Curt & Jan Johnson. *Creating a Safe Place: Christians Healing from the Hurt of Dysfunctional Families.* HarperSan Francisco, 1991.

____. *Healing Hurts That Sabotage the Soul.* Wheaton, Il.: Victor Books, 1995.

Hart, Archibald. *Healing Adult Children of Divorce.* Ann Arbor, MI: Servant Publications, 1991.

Jones, Stanton & Butman, Richard. *Modern Psychotherapies.* Downers Grove, Il.: IVP, 1991.

Leerhsen, Charles. et al. "Unite and Conquer, *Newsweek* (February 5, 1990), p 51.

Linn, Dennis & Matthew Linn. *Healing Life's Hurts: Healing Memories through the Five Stages of Forgiveness.* New York: Paulist, 1979.

McGrath, Alister. *Justification by Faith: What It Means for Today.* Hants, UK: Marshall Pickering, 1988.

Martin, Sara Hines. *Healing for Adult Children of Alcoholics.* Nashville: Broadman, 1988.

McBride, Neal. *How to Lead Small Groups*. Colorado Springs, CO: Navpress, 1990.

Pattison, Stephen. *A Critique of Pastoral Care*. London: SCM Press, 1988.

Seamands, David. *Healing of Memories*. Wheaton, Il: Victor Books, 1985.

_____. *Healing for Damaged Emotions*. Wheaton, Il.: Victor Books, 1989.

Smith, Shauna. *Making Peace with Your Adult Children: A Guide to Family Healing*. Sacramento, CA: HarperPerennial, 1993.

Wilson, Sandra. "A Comparison of Evangelical Christian Adult Children of Alchoholics and Non-Alcoholics on Selected Personality and Religious Variables" (Ph.D. dissertation, Union Graduate School of the Union for Experimenting Colleges and Universities, 1988).

Woititz, Janet. *Adult Children of Alcoholics*. Holywood, Fl.: Health Communications, 1983.

* 이 논문은 1999년 2월 1-5일에 서울 숭실대학교 기독교학대학원에서 "21세기 목회상담의 새모델"이라는 주제 아래 열렸던 제7회 전국 목회자 신학세미나에서 발표했던 것임을 밝혀둔다.

부 록

기본상담기술 목록(Basic Counseling Skills)

상담은 세 단계로 이루어지는데, 각 단계에는 다음과 같은 대화기술이 동원된다.

1단계: 문제의 탐색과 명료화
(Problem Exploration and Clarification)

첫단계에서는 내담자가 문제상황을 어떻게 지각하고 있는가를 확인하는 것이 목표이다. 다음과 같이 내담자가 문제를 탐구하도록 돕는다. 문제와 연관된 경험과 행동과 감정을 탐색한다. 연관된 환경적 영향을 탐구한다. 가능한 한 문제를 명료화하도록 다음과 같은 기술을 사용한다.

주의 집중. 상담자의 신체적 자세가 내담자에게 그의 전인격적(신체적, 사회적, 정서적, 영적)으로 함께 함을 전달한다: SOLER(똑바로 마주 대하고 열린 자세로, 내담자를 향해 몸을 기울인 채, 눈의 접촉을 유지하면서 긴장을 풀고 자연스럽게 상대를 주시한다).

적극적 경청. 상담자가 내담자의 구어적인 메시지와 비구어적 행동 - 자세, 얼굴표정(미소, 찡그림, 삐죽이는 입술, 눈동자의 움직임), 호흡의 횟수와 속도, 음성의 음조와 강도 등 - 에 함께 귀를 기울인다. 말뿐 아니라 내담자의 침묵, 이야기의 중단, 몸짓, 얼굴표정, 자세 등을 통해서 표현하고 있는 메시지에도 귀기울인다. 상담자는 다음 질문을 스스로 하면서 경청한다. 이 사람이 전달하고자 하는 메시지의 핵심은 무엇인가? 자신의 경험, 행동, 감정에 관하여 무엇을 말하고자 하는가?

정확한 기초공감(primary-level accurate empathy). 상담자가 내담자의 경험의 관점에서 내담자가 한 말의 내용(행동, 느낌, 감각, 상상, 생각 등)과 감정을 정확하게 이해했음을 전달한다. 핵심 메시지에 신중하고 간단한 응답을 하면서, 내담자가 반응할 여유를 충분히 갖도록 시험적으로 반응한다. 표면적인 의미와 느낌을 파악한다.

탐색(probes). 상담자가 내담자에게 보다 정확하고 구체적으로 말하도록 격려하는 질문을 하거나 진술을 한다. 예를 들어, 누가, 무엇을, 언제, 어디서, 어떻게 했는지 빠진 부분을 질문하거나, 혼동이 될 때 "내가 바로 이해했는지 모르겠는데

요… 뜻인가요?' 하고 묻거나, 명료화를 위해 "그러니까 그 말을 다르게 표현한다면…?" 하고 묻거나, 핵심적인 문구나 감정이나 의미를 강조, 되풀이하는 것이다.

촉진(prompts). 상담자가 내담자로 계속 발언하도록 구어적, 비구어적으로 격려한다. 긍정적으로 머리를 끄덕이거나 초청하는 몸짓을 한다. "음, 그래, 아, 오, 계속 말씀하세요. 좀더 말해 보세요. 그래서 어떻게 됐어요?"

구체성(concreteness). 내담자가 구체적 상황 안에서의 구체적 생각과 감정, 감각, 경험에 대하여 말하도록 돕는다.

순수함(진실성). 상담자는 언제나 척하지 않고 자신이 된다. 직업적 역할 뒤에 숨지 않는다. 행동과 가치 사이의 불일치를 극복하고 생각하고, 느끼는 것과 말하는 것 사이의 불일치를 피하여 일관성을 유지하라. 내담자에게 도움이 된다면 내담자와 자신의 경험을 나누라. 자발적이고 즉시성이 있으며 개방적이지만 내담자를 압도하지 않으며 자기방어적이지 않아야 한다.

존중성. 상담자가 그의 태도와 행동으로 그가 내담자를 "위해" 있으며, 그의 권익을 위해 노력한다는 것을 보여준다. 내담자를 하나의 사례로 처리하지 않고 독특한 인격을 지닌 사람으로 생각한다. 내담자가 스스로 자신의 운명을 결정지을 수 있다고 신뢰한다. 적당한 온정과 친절함을 표현한다. 처음에는 비판적 판단을 유보하고 차츰 내담자에게 부담을 안겨준다. 내담자의 자원을 계발하고 발견하도록 돕는다.

2단계: 새로운 시각계발과 목표설정 (도전기술)

이 단계에서 상담자는 내담자가 실제적인 목표를 설정하도록, 즉 문제상황이나 그 일부의 조정방법을 설정하도록 도와주어야 한다. 만약 내담자가 합리적인 목표를 설정할 수 있을 만큼 충분히 문제상황을 볼 수 없다면, 상담자는 내담자에게 그렇게 하는 데 필요한 새로운 시각을 계발하도록 다음의 도전기술들을 사용한다. 내담자가 문제상황과 상담과정을 '소유하도록' 도전하여야 한다.

요약/ 자료통합. 이 기술은 보다 집중적으로 문제상황을 보도록 내담자를 도와준다. 내담자가 문제행동과 감정, 인식, 경험에 대하여 느끼고 보고 말할 수 있도록 도울 뿐 아니라 자기 문제를 보다 충분히 명료화하고 목표를 설정하도록 돕는다.

탐색(exploration). 내담자가 원하는 것이 무엇인지(목표), 목표를 실현하였을 때 어떻게 알 수 있는지(증거), 목표가 언제, 어디서, 누구와의 관계 속에서 성취될 것인지, 내담자의 삶이 어떻게 달라질 것인지(환경: ecology), 무엇이 내담자로 목표달성을 못하게 하는지(장애물)를 탐색한다.

정보나누기. 내담자가 효과적으로 적응하기 위해 필요한 지식과 정보를 나눈다.

발전공감(고급공감: advanced accurate empathy). 내담자가 암시하는 것, 말하기를 주저하는 것, 제대로 표현하지 못하는 것에 대한 예감을 함께 나누는 기술이다. 즉 의식의 밑바닥에 숨겨져 있거나, 내담자 스스로는 직접적으로 접근하기 힘든 의미와 느낌을 파악한다. 내담자 자신과 자기 문제에 대한 1단게 이해로부터 2단계 이해에로 전진하도록 돕는다. 내담자 자신의 제한된 시각으로부터 보다 넓고 목표지향적인 시각으로 전진하도록 돕는 하나의 교량응답(橋梁應答)이다.

자기개방(self-disclosure). 내담자로 자신을 더 잘 이해할 수 있도록 도울 목적으로 상담자가 자신에 대한 것을 나눈다. 내담자의 마음을 분산시키지 않고 내담자에게 초점을 맞추는 방법으로 자신을 개방한다. 선택적이고 집중적으로, 내담자에게 부담을 주지 않는 범위에서, 너무 자주 하지 않는다. 이것은 모델링(본보기)의 한 형태로서 내담자에게 어떻게 자기를 노출할 것인지 모범을 보여주는 한 방법이며, 내담자도 상담자와 같이 자기를 노출하도록 격려하는 한 가지 방법이 될 수 있다. 상담자의 자기노출은 목표설정과 행동실천에 필요한 새로운 시각계발에 도움을 준다.

대결(면박, 직면하기, 맞닥뜨림: confrontation). 상담자가 내담자의 삶 가운데 모순과 불일치, 왜곡, 자기패배적 태도와 신념, 지나친 일반화 등을 고려하도록 존경하는 마음으로 공감적으로 초대하는 것이다. 내담자의 생각하고 느끼는 것과 말하는 것 사이의 불일치, 말하는 것과 행동하는 것 사이의 불일치, 표현된 가치기준과 실제 행동 사이의 불일치 등을 겨냥할 수 있다. 사용하지 않는 자원을 활용하도록, 목표와 필요와 원하는 것이 무엇인지를 식별하게 하여 시각을 넓히고 방향을 잡도록 격려하는 기술이다.

즉시성(immediacy). 상담자가 자신과 내담자 사이에 지금 현재 그들의 관계에 무엇이 일어나고 있는지에 대하여 직접 말한다. 면담이 진행되고 있는 바로 그 순간에 상담자와 내담자 사이에 일어나고 있는 것을 내담자와 나누는 상담자의 능력으로 내담자로 하여금 그의 대인관계 스타일을 탐색하게 하고, 자신을 대안적 참조체계 속에서 볼 수 있도록 도와주기 위하여 사용하는 것이다. 즉시성은 공감과 자기개방(노출), 그리고 면박(대결)기술로 이루어진다.

2단계 목표는 문제상황이나 그 일부의 조정에 기여하는 행동적 성취이다. 구체화는 내담자가 분명하고 구체적인 목표를 지향하여 진행하도록 도와준다. 목표는 분명하고 구체적이어야 하며, 내담자가 성취할 수 있고 측정할 수 있거나 입증할 수 있어야 하며, 내담자의 자원, 환경적 조건, 통제능력, 비용 등을 현실적으로 고려한 것이어야 하며, 내담자의 가치관과 일치하고, 현실적이고 합리적인 시간계획에 근거해야 한다.

3단계: 행동전략의 실천/ 프로그램의 발견, 실천, 평가

일단 성취해야 할 목표가 명료해지면 그 목표를 성취하기 위한 다양한 방법을 발견할 필요가 있다. 일단 목표를 성취하는 데 필요한 프로그램 가능성들을 발견하면 그 프로그램을 현실적으로 평가하여야 한다. 일단 프로그램 기술이 선택되고 단계가 명료해지면 그 프로그램을 실천에 옮길 수 있다. 프로그램을 실천하는 과정에서 프로그램 자체에 변화를 주거나 참여의 질을 높이기 위하여 프로그램 실천의지를 촉진시킬 수 있다.

중지수렴법(brainstorming). 확산적 사고는 다양한 목표를 설정하도록 하며, 설정된 목표를 성취하는 프로그램을 수행하도록 한다. 두려움과 불안, 고정된 습관, 권위에 의존하는 태도, 완전주의는 창조적 사고를 가로막는 장애요소들이다. 상상력과 창조성은 제3단계의 가장 바람직한 개념들이다. 창조적인 사람은 낙천성과 자신감이 있고, 불확실성과 모호함을 수용할 수 있으며, 관심분야의 폭이 넓고, 융통성이 있으며, 복합성에 대하여 관용적이고, 호기심이 많고, 추진력과 인내력이 있다. 말을 일관성있게 하고 적당한 모험을 즐긴다. 브레인스토밍은 아이디어, 가능성, 혹은 행동실천에 옮길 수 있는 새로운 대안을 창출해내는 기술이다.

이 기술을 활용하기 위해서는 판단을 유보시키고, 불가능한 의견도 포함시켜야 하며, 가능한 한 많은 아이디어를 말하게 하고, 내담자의 제안을 명료화하고, 구체성과 특수성을 살려야 한다. 판단의 연기는 생산성을 증가시키고, 양은 질을 생산할 수 있다.

21c 교회성장과 축복의 통로

교회진흥원은 기독교한국침례회 총회의 교육, 문서선교 기관으로서 교회의 교육, 목회, 선교활동에 관한 실제적인 연구와 프로그램 개발, 기독교 정보를 제공하고, 자료 출판 및 보급사역을 하고 있습니다.

- 각 연령별 교회학교 공과, 구역공과, 제자훈련 교재, 음악도서를 기획, 출판하고 이와 관련된 각종 강습회를 실시합니다.
- 요단출판사를 운영하며 매년 70여 종의 각종 신앙도서와 제자훈련 교재를 기획, 출판합니다.
- 4개의 직영서점을 운영하고 있습니다.

요단출판사의 사역정신

그리스도인들의 올바른 신앙성장과 영성 개발에 필요한 신앙도서를 엄선하여 출판, 보급함으로써 이 땅에 하나님나라 확장을 위해 헌신하고 있습니다.

- **F**or God For Church
  하나님과 교회의 유익을 위하여 도서를 기획 출판합니다.
- **O**nly Prayer
  오직 기도뿐이라는 자세로 사역합니다.
- **W**ay To Church Growth & Blessings
  교회성장과 축복의 통로가 되기 위해 사명을 감당합니다.
- **G**ood Stewardship & Professionalism
  선한 청지기와 프로정신으로 사역합니다.
- **C**reating Christianity Culture & Developing Contents
  각종 문화 컨텐츠를 개발함으로 기독교 문화 창달에 기여합니다.

직영서점

요단기독교서적 교회용품센타 서울특별시 서초구 잠원동 69-14 반포쇼핑타운 6동 2층
TEL 02) 593 · 8715~8 FAX 02) 536 · 6266 / 537 · 8616(용품)

둔산침례회서관 대전광역시 서구 둔산동 1092번지 신둔산 빌딩 2층
TEL 042) 472 · 1919~20 FAX 042) 472 · 1921

대전침례회서관 대전광역시 동구 중동 21-27
TEL 042) 255 · 5322, 256 · 2109 FAX 042) 254 · 0356

부산요단기독교서점 부산광역시 금정구 남산동 374-75 침례병원 지하편의시설(내)
TEL 051) 582 · 5175(FAX 겸용)

요단인터넷서점 www.jordanbook.com

"그러므로 너희는 가서 모든 민족을 제자로 삼아 아버지와 아들과 성령의 이름으로 침(세)례를 베풀고 내가 너희에게 분부한 모든 것을 가르쳐 지키게 하라 볼지어다 내가 세상 끝날까지 너희와 항상 함께 있으리라 하시니라." _마 28:19~20